国家社会科学基金重点项目
“健全城乡融合发展机制研究”资助(项目编号: 21AZD036)

城乡产业融合发展系统及机制研究

杨上广　李衡　别奥　著

華東理工大學出版社
EAST CHINA UNIVERSITY OF SCIENCE AND TECHNOLOGY PRESS
·上海·

图书在版编目(CIP)数据

城乡产业融合发展系统及机制研究 / 杨上广，李衡，别奥著. -- 上海 ：华东理工大学出版社，2024. 8.

ISBN 978-7-5628-7569-7

Ⅰ. F269. 24

中国国家版本馆 CIP 数据核字第 2024LK1003 号

内容提要

如何构建城乡产业融合发展体系、设计城乡产业融合发展机制，是城乡产业融合发展研究所面临的新的时代命题。本书紧紧围绕“城乡产业融合发展——破解城乡融合发展困境——促进城乡融合发展”的逻辑体系展开。首先，对我国城乡产业融合发展的现状及问题进行描述分析；其次，系统探讨了城乡产业融合发展的理论机理及制约因素；再次，为进一步推进城乡产业融合发展，设计构建了符合我国国情的城乡产业融合发展系统及机制；最后，提出了优化我国城乡产业融合发展的制度安排和产业政策。

项目统筹 / 韩　婷

责任编辑 / 韩　婷

责任校对 / 王雪飞

装帧设计 / 徐　蓉

出版发行 / 华东理工大学出版社有限公司

地址：上海市梅陇路 130 号，200237

电话：021－64250306

网址：www.ecustpress.cn

邮箱：zongbianban@ecustpress.cn

印　　刷 / 上海中华商务联合印刷有限公司

开　　本 / 787 mm×1092 mm　1/16

印　　张 / 10.75

字　　数 / 213 千字

版　　次 / 2024 年 8 月第 1 版

印　　次 / 2024 年 8 月第 1 次

定　　价 / 98.00 元

序　言

“十四五”时期，为应对国际环境的变化，中国尝试创建以国内大循环为主、国内国际双循环发展的新经济格局。其中，国内大循环是未来经济持续发展的基础，只有形成巨大的国内需求市场并增强国内供给能力，才能带动外循环并形成国际市场竞争能力。在国内循环中，农村经济发展是建设全国统一大市场的重要基础。一方面农村消费需求是国内市场的重要组成部分，另一方面农业和农村多种产业是国内市场产品和服务的重要供给来源。随着经济发展水平的提升和居民消费水平的提高，城乡居民的需求逐渐呈现出多样化特征，但城乡产业发展响应多样化需求的能力较为滞后，而且城乡间依旧存在着较大的产业发展差距，尤其是农村产业结构单一且价值链较短的问题仍较为严重。因此，实施乡村振兴和城乡融合发展战略的目标是要缩小城乡居民之间的收入、消费和社会福利差距，核心是在农业现代化的基础上实现城乡产业的融合发展。

城乡产业融合发展是以农业为基础，发展与农产品和农村资源相关联的第二、三产业，并结合知识、技术、人才、资金等要素延伸农业产业链及价值链，以实现农业农村现代化的过程。伴随着经济社会的发展和科学技术的进步，新型技术的运用为农村产业发展提供了新的机遇，产业融合不断推进并逐渐成为产业迭代升级的重要方式。尤其是新技术革命和商业模式的变革为城乡产业融合发展提供了基础性条件。新型技术的广泛使用既有利于提高城乡劳动生产率，又优化了城乡产业发展关系，为城乡产业协作体系的建立创造了技术条件。从各国城乡产业融合发展的实践看，无论是美国的“三化”协调发展、法国提倡的乡村旅游，还是日本的“六次产业化”以及韩国的“新村运动”，其在产业融合发展上都取得了明显成果。既实现了城乡三次产业的有效融合，又让农民获得了农业产业链优化延伸的附加值，从而显著促进了农业现代化和农村经济综合发展。

我国自2015年正式提出要推动农村三次产业融合发展以来，相关的政策文件陆续出台。鉴于此，农村产业融合逐渐得到有效发展，农民的增收方式不断丰富，现代化农业生产体系继续得以完善。党的十九大、2018年的中央一号文件也强调要促进农村三次产业融合发展，提升农业发展的多功能性，延伸农业的价值链，并通过多种利益分配方式让农民享受产业融合带来的增收效应。2019年4月，《中共中央 国务院关于建立健全城乡融合发展体制机制和政策体系的意见》提出要搭建城乡产业协同发展平台，培育发展城乡产业协同发展先行区，推动城乡要素跨界配置和产业有机融合。与此同时，各地积极推动农村新产业新业态的发展，开展城乡产业融合发展的实践探索，取得了可喜的成绩。

本书基于各地城乡产业融合发展实践，以推进城乡产业融合可持续发展为目标，综合运用政治经济学、产业经济学以及制度经济学等理论知识，较为系统地分析了我国城乡产业融合的发展现状及问题，构建了符合我国国情的城乡产业融合发展系统，探索了其内在的机制，并提出了优化城乡产业融合发展的政策建议。具体而言，本书的理论意义和应用价值主要体现在以下几个方面。

一是本书从内部拉动力和外部推动力两个维度梳理和剖析了约束我国城乡产业融合的关键因素，准确地揭示了我国城乡产业融合发展中出现的问题和难题，分析了问题产生的内在原因，为理解和破解城乡产业融合发展困境提供了理论依据；二是本书建构的城乡产业融合发展系统和机制，为制定城乡产业融合发展路径和政策措施提供了理论基础和方向指引。此外，本书提出的促进城乡产业融合发展的制度安排和政策措施，例如财税金融扶持政策、科技创新支撑政策、人力培育政策等，可为地方政府制定产业发展战略提供决策参考。

建立健全城乡产业融合发展体制机制，既是对国家现代化发展规律的深刻洞察，又是对我国新时代发展阶段城乡关系科学把握的战略决策，关系到国民经济总体运行方式和发展格局。以多维度、多角度的方式探究城乡产业融合发展，既对促进我国城乡产业兴旺发展有着重要的现实意义，又对全面识别与理解我国城乡产业融合发展的体制与市场约束因素具有一定的学术价值和应用价值。杨上广教授领衔的研究团队，依托国家社会科学基金项目和国家自然科学基金项目，近年来围绕城乡产业融合发展问题开展了实地调研，并进行了深入的理论探索，提出了许多创新性的观点。本书作为团队研究的一项成果，为城乡产业融合发展领域的研究做出了创新性的贡献。

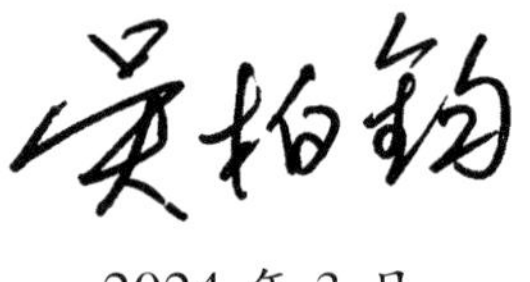

2024 年 3 月

前 言

产业兴旺是城乡融合发展的基础，农村发展的基础则是乡村产业能够得到兴旺发展。党的十九大报告提出，加快推进农业农村现代化，建立健全城乡融合发展体制机制和政策体系。党的二十大报告强调，要坚持农业农村优先发展，坚持城乡融合发展，畅通城乡要素流动。因此，应积极构建现代农业生产体系、经营体系和产业体系，并与城市市场相衔接，即通过城乡之间的产业融合促进城乡融合发展。

我国城乡生产力发展不平衡，且城乡间存在严重的二元结构。与城市普遍存在的先进制造业和现代服务业相比，农村的种养业的比较收益明显偏低。同时，农村资金、土地、劳动力等资源要素的流动性弱、配置效率低，尤其是城市倾向的发展战略加剧了农村产业发展要素向城市的单向流动，由此造成了城乡产业分割、产业关联性不强等问题。如果不改变农村的产业结构和产业发展方式，如果没有外部资源与市场力量的介入，单纯地依靠农业和传统农村经济的自我循环发展是难以实现乡村振兴的。因此，如何借助城乡产业融合破除城乡之间产业分割、经济协同作用不强等局面已成为实现乡村振兴等区域发展战略的重要命题。

城乡产业融合，不仅在于农村产业自身发展和农村产业链向城市延伸，还在于城市产业与农村产业彼此交互、相互协作。目前，我国已进入工业化的中后期阶段。根据国际经验，此阶段应当是工农业协调发展、工农业产值相对平衡增长的发展阶段。但就目前经济运行的实际情况来看，无论是在广度还是深度上，我国各地普遍存在城乡产业无法协同发展的现象，突出表现为农村产业链延伸不长，城乡之间的劳动力、资金、技术等要素流通不畅。

不能忽略的是，我国农村有着广大的消费市场和投资空间。特别是在实施扩大内需战略和构建双循环新发展格局中，农业农村的发展潜力为城乡之间的要素互动和产业合作创造了广阔的空间。随着信息化技术的运用和农村基础设施的改善，三次产业开始融合发展。传统三次产业之间的界限逐渐被打破，劳动力、资本、技术等各种生产要素开始不断跨界流动，不同产业主体之间的利益关系交错，新的产业形态不断涌现。城乡之间产业发展的基础条件发生了巨大的变化，城乡产业融合发展将成为现代产业发展的一个重要特征。

近年来，中央开始强调要优先发展“三农”产业，做好“三农”工作，要坚决打破妨碍城乡之间各种生产要素自由流动、平等交换的体制机制障碍，促进和健全农村产业融合发展的利益联结和交换机制，让农村居民享受产业增值带来的收益。2019 年 4 月 15 日，《中共中央 国务院关于建立健全城乡融合发展体制机制和政策体系的意见》提出要推动城乡要素跨界配置和产业有机融合。2020 年 4 月 3 日，国家发展改革委发布《2020 年新型城镇化建设和城乡融合发展重点任务》，进一步明确要加快推进城乡融合发展，健全城乡融合发展体制机制，促进城乡生产要素双向自由流动和公共资源合理配置。鉴于当前我国正处于城乡产业关系由分割转向融合发展的关键期，本书在城乡关系的视角下研究城乡产业融合问题具有重要的现实意义。

如何构建城乡产业融合发展体系、设计城乡产业融合发展机制，是城乡发展研究面临的新的时代命题。本书紧紧围绕"城乡产业融合发展——破解城乡融合发展困境——促进城乡融合发展"的逻辑体系展开。首先，对我国城乡产业融合发展的现状及问题进行描述分析；其次，系统探讨了城乡产业融合发展的理论机理及制约因素；再次，为进一步促进城乡产业融合发展，设计构建了符合我国国情的城乡产业融合发展系统及机制；最后，提出了优化我国城乡产业融合发展的制度安排和产业政策。

本书是集体智慧的结果，也是国家社会科学基金重点项目"健全城乡融合发展机制研究"（项目编号：21AZD036）的研究成果之一。此外，本书也受国家自然科学基金面上项目"超大城市人口迁入模式演变、机制效应与治理响应研究"（项目编号：72274062）资助。吴柏钧教授作为课题主持人，对本书的研究思路和写作大纲提出了建设性意见，并组织了所有调研工作和学术研讨会。本书初稿主要是由别奥、李衡、王菲、胡芝玲和廖菁清等博士生和硕士生撰写，杨上广教授对全书各个章节做了统一的修订。

本书的贡献主要体现在如下几个方面：一是比较全面深入地梳理了国内外城乡产业统筹的经验借鉴；二是从理论上较为深入地探讨了城乡产业融合发展的系统及机制；三是提出具有"中国情境"的城乡产业融合发展的路径策略。在本课题的研究过程中，课题组的所有成员均投入了大量的时间和精力，本书在写作过程中也吸收了大家的观点和建议。与此同时，本书也得到了地方政府部门和华东理工大学商学院的支持，这使得我们对所研究的问题有了更为全面的认识和分析，在此一并致谢。

鉴于有限的研究能力和公开资料以及对实际情况了解的局限性，本书尚未对一些问题展开深入分析并给出满意的答案，部分结论或许和实际情况有所出入。此外，本书更多地是从理论层面探讨相关问题，而缺乏充足的数据资料和严谨的经济学经验假设和计量分析。同时，由于课题研究的时间跨度较长，书中的一些政策建议或许也滞后于政府的变革实践。因此，本书可能存在许多不足和错误，敬请读者批评指正。如若本书的研究成果能够给学术界同行带来一点启示，我们将不胜欣慰。

杨上广

2024 年 3 月

目 录

第1章　绪　　论

城乡统筹发展、均衡发展和融合发展一直是党和国家关注的重要议题。城乡发展政策历经“城乡统筹发展——城乡一体化发展——城乡融合发展”这一演进过程[1]。2003年10月，党的十六届三中全会明确提出要统筹城乡发展，其核心目的在于有效应对日益扩大的城乡收入差距和公共服务差异等城乡发展失衡问题。2012年11月，党的十八大报告明确提出“推动城乡发展一体化”，致力于以城市经济带动乡村发展，实现城乡之间各方面的均衡发展。2017年10月，党的十九大报告指出，积极推动乡村振兴战略的实施，构建完善的城乡融合发展体制机制以及相应的政策体系，加速推进农业农村现代化进程。唯有将乡村视为与城市同样重要且相互依存的有机组成部分，方能在整体上平衡城乡发展。党的十九大作出了建立健全城乡融合发展体制机制和政策体系的重大决定，这也意味着我国城乡之间的关系正经历着一场意义深远的历史性变革，使得城乡协调发展步入了全新的发展阶段。目前，我国的城乡融合发展政策逐步推进，城乡收入比从2009年的3.33∶1下降到2019年的2.39∶1，城乡关系总体呈现出由城乡分割逐步走向城乡融合的发展趋势。

城乡融合是以习近平同志为核心的党中央着眼全面建设社会主义现代化国家全局，针对我国社会主要矛盾新变化和“三农”发展突出短板，做出的新的战略部署。城乡融合是“十四五”时期“三农”工作的主题和主线，为新时代城乡发展的有关工作指明了前进方向。城乡融合发展的基础是产业兴旺，特别是乡村产业能够得到发展。因此，党的十九大报告提出，要建立健全城乡融合发展体制机制和政策体系，加快推进农业农村现代化。同时，也需要着力构建出与城市市场相适应的现代农村产业体系，以实现城乡之间的产业深度融合，从而进一步推动城乡融合发展。由于我国城乡生产力发展不平衡、城乡间存在严重的二元结构，与城市普遍存在的先进制造业和现代服务业相比，农村地区除种养业的比较利益明显偏低之外，还存在着资金、土地及劳动力等资源要素流动性弱、配置效率低等问题。此外，原有城市倾向的产业发展战略使得农村产业发展要素单向流向城市，造成了城乡产业分割、产业关联性不强等问题。如果没有外部资源与市场力量的介入，且不改变农村产业结构和产业发展方式，而只是单纯地依靠乡村产业和乡村经济的自我循环发展，如此便很难实现乡村振兴。

因此，如何借助城乡产业融合发展解决城乡之间产业分割、经济协同作用不强等问题已成为促进农业农村现代化发展的重要议题。

产业融合是指在开放型产业系统中，不同产业构成要素之间进行竞争、合作、演进等互动而形成新兴产业的过程。随着经济活动的日益频繁，各产业之间的交叉融合现象越来越普遍，并对世界各国的经济、社会和生活等方面产生了深远影响。城乡产业融合，不仅在于农村产业自身发展和农村产业链向城市延伸，还在于城市产业与农村产业的彼此交互与相互协作。但就我国目前经济运行的实际情况来看，无论是在广度还是深度上，各地普遍存在着城乡产业分割、产业关联性弱的问题，并突出表现为农村产业链延伸不长，城乡之间的劳动力、资金和技术等要素流通不畅。当前正处于由城乡产业关系分割转向城乡产业融合发展的关键时期，但由于城乡产业融合涉及城乡治理思想观念的转变、城乡经济结构的优化调整以及城乡经济社会机制体制的全面深入改革，因此目前城乡分治、城乡分割的局面仍未完全被打破，城乡产业之间“各自发展”的现象较为普遍，城乡产业尚未有效实现融合发展。

由此可见，从城乡关系这一出发点来深度剖析城乡产业融合理念，需更加注重两者间的紧密相连和交流互动。此类分析的范畴较以往更为广泛，涵盖了众多层面的议题。其不仅包含了农业、工业以及服务业这些传统认知中的三次产业之间的融合，而且还更深入地涵盖了城乡之间各行各业的联结，以及农村产业在地域分布上的聚集等多个方面的问题，这便需要构建系统性的城乡产业融合发展体系及机制。本章主要梳理和辨析中国城乡关系的演进历程，并初步总结国内外城乡融合发展的主要问题和典型经验，从而为理解中国城乡产业融合发展与城乡融合发展之间的关系提供依据。

1.1 中国城乡关系的演进历程

城乡互动是城市与农村之间资源流通、业务协作、优势互补以及利益平衡等多重复杂因素相互作用的综合体现。作为人口聚集区的城市与地域广大的农村地区相互依存，共同塑造着人类文明的发展历程。在此过程中，这些关乎人类生存与发展的核心关系构成了社会发展的基石[2]，而特定的经济发展战略与特色经济体制则决定了城乡关系的发展背景。中国是世界上最大的发展中国家，中国城乡产业关系的演进是和国家的经济现代化、产业现代化一起进行的。立足于生产力与生产关系的相互协调与适应，回顾城乡关系的历史沿革，不难发现它已经历了以下三个阶段：第一阶段为中华人民共和国成立初期的“农业哺育工业，乡村献礼城市”的“农哺工”阶段；第二阶段为改革开放指引下的城乡二元对立格局逐渐消散的阶段;第三阶段为新时代共同富裕理念引领下的城乡一体化和深度融合发展阶段。

(一)1949—1978年:城乡二元分割阶段

在中华人民共和国成立初期,我国经济迫切需要复兴,而外部还在遭受西方资本主义国家的孤立和制裁。这一阶段,农产品产出欠佳以及缺乏产业化所需资金等问题严重制约了城乡居民生活水平的提升。相比之下,通过深入分析苏联城乡发展模式的成功经验,我国逐步确立了以农业为基础、将工业作为主要驱动力,同时实施重工业优先发展并适度推进农业现代化进程的城乡关系发展理念,从而建立了对于我国未来城乡关系发展规划的独特思考视角及理论基石。

1949—1978年,是中国城乡二元结构初步形成与巩固的阶段。中华人民共和国成立初期,内忧外患。为尽快恢复国民经济、优化城乡资源配置并改变国家落后的面貌,中国确定了以政府为主导推动重工业优先发展的战略,并逐渐呈现出"农业养育工业、农村支持城市"的特征。在此期间,中央政府及相关部门制定并实施了工农分离、以工业为主导的城乡二元经济体系,并通过一系列制度安排剥夺农村剩余价值,从而以牺牲农业农村福利的方式为中国重工业的发展提供了必要的资源与原始资本支持。在要素层面,城乡之间的要素流动总体较弱。具体而言,1953年,第一个五年计划开始实施,为了积极推进工业化、满足重工业发展需要,政府推行"以农补工"战略,建立起传统的计划经济体制,通过推行城乡要素价格"剪刀差"、农产品统购统销等政策来集中吸引农村剩余劳动力转移到城市和工业部门,因此大量低收入农村人口逐渐涌入城市以分享各种福利补贴,从而逐渐脱离了传统的农村生产活动。1955年开展"上山下乡"运动,这是一项逆城镇化的举措;1959年,人民公社化运动与"大跃进"的展开,打击了农民的生产积极性。随着农业合作化运动的开展,城乡居民被人为区别开来,城乡二元鸿沟不断加深。此外,为了避免农村劳动人口过多涌入城市,国家出台了严格的城乡户籍制度限制人口自由流动。这不仅使得城乡居民的发展机会不均等、城乡要素流动接近停滞,又导致农民在职业选择上自主权较小、城市居民消费潜力难以被激发,最终加深了城乡二元社会结构。

(二)1978—2002年:城乡二元关系逐渐被打破

改革开放以来,在以经济建设为中心的战略导向下,中国经济得到快速发展,这使得在考虑城乡关系时逐渐引入市场机制成为必然选择。

总体而言,1978—2002年,这一时期的城乡二元结构有所突破,但城乡发展差距也存在进一步扩大的趋势。1978年,党的十一届三中全会确定实施改革开放政策，直至1984年，农村才又被视为中国改革的关键领域，农村家庭经济得到重新确立，农民恢复对资源的自由配置，从而释放了农民的生产积极性。例如，安徽凤阳小岗村探索实现家庭联产承包责任制，大幅提高了农业生产效率。同时，乡镇企业的快速崛起为农村劳动力提供大量就业机会，农村生产力快速飞跃。特别地，在这一时期，浙江、江苏、河北、山东、广东及辽宁的乡镇企业数量呈现出显著的增长态势，且以工业企业为主。自此，我国逐渐实现了从单一的农业发展向农村农业、工业与城市三方协同发展的国民经济布局的转变，从而有力地推动了城乡二元结构的逐步消除。

20世纪90年代后期，鉴于劳动力流动可以促进跨区域就业，所以人口流动的限制条件逐渐放宽。随着改革开放的深入，市场机制的引入加强了城乡互动，农产品经营逐步放开，工农产品市场互换程度提高，统购统销制度逐渐被废除。随着全方位开放及市场化机制升级，改革重点逐渐由乡村转向城市，国内外进驻资本与资源也顺应市场与政策导向，倾向于分布在东部沿海地区。1984年，国务院出台通知放松户籍壁垒限制，批准农业劳动者、商人及服务行业人员自行解决口粮问题并可在城镇定居。鉴于该制度为大量农村剩余劳动力提供了出路，从而出现了“农工潮”现象，农村经济开始衰退，城乡收入差距再次扩大。在城乡居民自由流动的背景下，大量社会资源及多元人才被城市工业所吸收，农村青壮年劳动力和乡村人才源源不断涌向城市，加速了农村地区的“空心化”与衰败。虽然市场机制已得到推广，但这仍未打破城乡二元对立结构，城乡差距非但没有缩减，反倒愈发增大。如图1-1所示，1978年以来城乡居民家庭人均可支配收入的增长差距比较平稳，但1985年起，城乡收入差距逐渐扩大且一直居高不下。总体来看，这一时期中国城乡利益格局的固化程度较高。

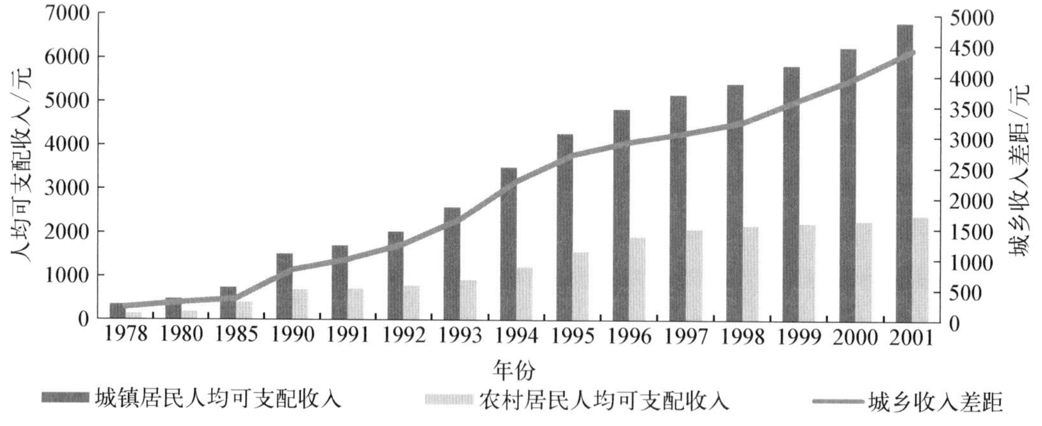

图1-1 1978—2001年城乡居民家庭人均收入与差距变化

（数据来源：中国统计年鉴）

（三）2002 年至今：城乡统筹、城乡一体化到城乡融合发展

在经济体制改革推动下，我国综合国力逐步提升，后发竞争优势日益突出。与此同时，经济结构性问题愈发凸显，逐渐成为阻碍经济社会可持续发展的关键因素。在城市化和工业化进程加紧之际，我国城乡关系也发生了显著改变。一方面，城市与乡村间的纽带联系日益严密；另一方面，城乡间发展不平衡的状况依然存在且有加剧之势[3]。在应对城镇化与城乡关系失调且交织的问题上，中央给予了极高的关注。党的十六大首次提出了"统筹城乡经济社会发展"的长远战略，摆脱了过去"就农业论农业、就农村论农村"的思维模式，将农村的发展置于整个城乡体系及区域协调发展的大局当中，从而实现了对城乡二元结构关系的逐步调整；党的十七大进一步强调了要"形成城乡经济社会发展一体化新格局"；党的十八大明确指出，实现城乡一体化发展是解决"三农"问题的有效路径和重要路径；党的十九大则明确提出"城乡融合发展"理念，强调构建完善的城乡融合发展体制与政策体系。2018 年 9 月 12 日，习近平总书记在十九届中央政治局第八次集体学习时指出"要把乡村振兴战略这篇大文章做好，必须走城乡融合发展之路"。2020 年 12 月 28 日，中央农村工作会议进一步强调，要全面认识新发展阶段解决"三农"问题的重大意义和紧迫程度，将其置于全党工作重心的位置，动员全体党员及全国力量推进乡村振兴，特别是"要推动城乡融合发展见实效，健全城乡融合发展体制机制，促进农业转移人口市民化"。此外，还应将县城作为城乡融合的关键着力点，适度放宽县级部门的资源使用自主权，进一步提升县城综合服务效能。特别地，《中共中央 国务院关于全面推进乡村振兴加快农业农村现代化的意见》（2021 年中央一号文件）更加明确地提出要推进县域内城乡融合发展。

总体来看，从党的十六大到十九大，城乡发展战略方针经历了"城乡统筹发展"到"城乡发展一体化"，再到"城乡融合发展"（表 1－1）。城乡关系从"统筹"到"融合"，是党和国家对城乡关系认识的重要进步。在城乡统筹发展中，强调要"以城带乡""以工补农""工业反哺农业，城市支持农村"，其主体仍是城市。要实现城乡统筹，其前提仍是要保持城市的经济发展优势，但如何保证具有比较优势的工业自愿去"反哺"农业，这成为实现城乡统筹的难点所在。尽管依靠政府行政命令能在短期内达到这一目的，但简单地依靠行政干预的手段，不仅不可能建立长效的"工业反哺农业，城市支持农村"机制，而且会带来农村土地的城市化，无法从根本上消除城乡差距。城乡融合发展，意指城乡需充分繁荣以实现中国特色的城镇化与乡村化之路。城市和乡村各具特色及优势，应互为补充并协同发展，不能单纯通过扩大城市规模来减少农村人口。立足于城乡独立发展视角，期待将城乡发展特色优势完美融合，以推动城乡融合的全面发展。

表1-1 2002—2020年城乡发展政策梳理

时 间	会 议	内 容
2002年	党的十六大	“统筹城乡发展”“形成城乡经济社会发展一体化新格局”
2003年	十六届三中全会	将“统筹城乡发展”列为“五个统筹”之首
2004年	中央经济工作会议	构建以“以工促农、以城带乡”的“三农”政策体系
2005年	十六届五中全会	“建设社会主义新农村”“推进城乡发展一体化”
2007年	党的十七大	强调“形成城乡一体化的新格局”
2012年	党的十八大	“城乡发展一体化是解决‘三农’问题的根本途径”
2013年	十八届三中全会	“形成以工促农、以城带乡、工农互惠、城乡一体的新型工农城乡关系”
2017年	党的十九大	“城乡融合发展”“建立健全城乡融合发展的体制机制和政策体系”
2020年	十九届五中全会	推动形成“工农互促、城乡互补、协调发展、共同繁荣”的新型工农城乡关系
2022年	党的二十大	“坚持农业农村优先发展，坚持城乡融合发展，畅通城乡要素流动”
2024年	二十届三中全会	“城乡融合发展是中国式现代化的必然要求”“完善城乡融合发展体制机制”

资料来源：根据政府网站整理所得。

对于城乡融合发展的深刻认知需上升至生活方式及社会价值观层面，也需要再次审查其本质及存在的必要性。显而易见，城乡融合中的“城市与乡村”不仅涵括经济学范围，亦涵盖了社会学、文化学等多元学术领域。实现城乡均衡发展是城乡融合的基本条件，其不仅涉及城乡产业与经济的协作深化，还涵盖了社会、文化等各方面的深度融合。因此，在此解读方式下，城乡融合发展的提出预示着我国城乡关系的政策调整迈向历史性的蜕变。

1.2 中国城乡融合发展的主要问题

当前，中国的城乡发展问题备受社会关注。党和国家高度重视这一问题，并逐步推行各种城乡融合发展政策。目前，在“城乡统筹”“城乡一体化”及“城乡融合”的演进过程中均已取得了一些成果。然而，城乡经济发展不平衡、农村发展不充分、城乡居民收入差距持续扩大及乡村日益萎缩等普遍现象仍然存在。同时，城乡各种要素流动不畅、公共资源配置不合理等问题也突出表现出来。具体而言，城乡融合发展问题主要体现在以下几个方面。

第一，城乡收入差距依然较大。随着城乡融合发展政策的持续推进和农业现代化进程的加快，农民收入不断提升，使得城乡收入比逐渐下降。然而，城乡收入差距依然显著存在。根据国家统计局数据，2022年，农村居民人均可支配收入为20 133元，城镇居民则为49 283元，城乡收入比约为2.45，而这一比值在2017年为2.71。此外，2022 年，城镇居民的财产净收入、工资性收入、转移净收入分别为 5 238 元、29 578 元和 8 882 元，分别是农村居民的 10.29 倍、3.50 倍和 2.11 倍，因此还需要注重提高农户的财产性收入水平。多项研究也表明，城乡收入差距是发展中国家和转型国家内部发展不均等问题的重要组成部分[4-7]。因此，只有有效缓解高额收入差距及相关城乡分割问题，中国的内需才能从根本上得到提升[8]，否则这将妨碍中国构建起以国内大循环为主体、国内国际双循环相互促进的新型发展格局。

第二，城乡之间的要素自由流动受到制度性阻碍。由于受城乡二元经济体制的影响，劳动力、资金、技术和人才等要素在城乡之间的自由流动面临着体制机制的严重壁垒。尽管户籍制度、城市就业制度等一直在优化改革，使得农民更容易流入城市并改善了就业环境，但农民仍然无法享受与城市居民同等的工资和就业条件，无法平等享有城市的教育、社会保障和住房等福利。农村的土地等生产要素因受到种种制度限制，也难以通过自由交易来获得市场收益。即使可以交易，但与城市土地相比，也存在严重的交易权和收益权不平等问题。而且，目前针对农村承包地、集体经营性建设用地和宅基地的改革因受机制体制约束，推进速度缓慢。同时，受金融机制体制约束的影响，农村资金大量外流到城市地区。此外，金融资本、工商资本以及城市资本进入农村仍然面临着政策上的严格限制。

第三，城乡基本公共服务均等化任务十分艰巨。缩小公共服务的城乡差距和地区差距一直是党和政府重点关注的问题。历届政府也在不断增加对城市郊区、偏远山区的公共基金和财政的支持力度。虽然基本公共服务开始逐步延展至全国乡村地区，农村居民在医疗、义务教育和养老保险等方面也实现了覆盖度的显著提升。然而，由于城乡之间受到公共财政的约束，其基本公共服务的差距仍然显著。《中国教育概况——2020 年全国教育事业发展情况》的数据显示，在义务教育阶段，农村学校数量、招生人数和在校学生规模均有一定程度的减少，而城市则呈现增长态势。根据国家统计局的数据，2021 年，城市每万人的医疗机构床位数为 74.73 张，农村为 60.09 张，城市是农村的 1.24 倍。2022 年，城市每月低保人均标准为 722 元，农村为 542 元，城市是农村的 1.33 倍。《2022 年民政事业发展统计公报》显示，2022 年，城市社区综合服务设施覆盖率为 100%，农村社区为 84.6%。

第四，城乡基础设施一体化程度存在显著的区域差异。受区域经济发展水平差异的影响，不同类型城市及其周边郊区以及乡村区域的基础设施一体化程度也存在显著的差异。一线城市的城乡基础设施建设较为完善，基本已实现互联互通、城乡融合；区域性中心城市的近郊区，其基础设施一体化程度尚可，具备了实现基础设施互联互通的条件；而广大县城及乡村的基础设施条件较为一般，特别是农村地区的人居环境改善仍面临着较大挑战。

由于在改革开放之初，中国区域发展主要遵循沿海优先发展和增长极优先发展的战略。因此,在极化效应主导下,大量的劳动力、资本、土地、技术等要素从乡村流向城市、从中西部内陆流向沿海地区。在此阶段,极化效应远大于扩散效应,城市要素对乡村的输出和支持作用相对较弱,造成了几乎单向的要素流动形态和模式。随着经济发展水平的逐步提高,经济体系必然历经从城乡分离阶段至城乡融合发展阶段继而到城乡一体化的过程。城乡融合发展是城镇化和社会经济发展到一定阶段后的必然需要,工业化迅猛发展及生产率水平的提高也为城乡融合发展提供了可能性及条件。特别地,建立城乡关联度大的产业体系和市场体系也极其重要。中国正处于城镇化的快速发展时期,需要更大范围的劳动力流动、土地资源有效配置和空间格局优化。以此推动新型城镇化,还需要城乡统一规划、要素自由流动且平等交换、城乡资源双向共享,但目前的制度安排、产业发展和市场状况还具有一定的阻碍作用。城乡融合,并不是意味着资本、劳动力等资源要素在城乡间的单向流动,而是需要在乡村振兴后达到双向高水平的均衡流动。目前,我国城乡间要素流动的结构性失衡问题比较突出,人才、土地、资金等农村发展需要的必要资源都呈现单向流动的状态。

1.3 国内外城乡融合发展的经验借鉴

当前来看,我国的城乡一体化发展战略虽然取得了阶段性的成效,但是作为传统农业大国,新时代的乡村发展仍然存在着许多待解决的问题。此外,在推进城镇化发展的过程中,也有必要借鉴一些发达国家的经验,并总结出符合我国国情的城乡发展道路。综合考虑全球层面的城市化历程,欧美等地区的发达国家是逐渐从乡村哺育城市、城乡对立、城乡一体化进而步入城乡融合发展阶段的。特别地,美国、英国和日本的城乡融合发展经验值得借鉴。针对国内而言,2009 年,东部地区的苏州和西部地区的成都被国家发展改革委纳为城乡统筹发展的试点区域,进而在探索城乡融合发展的道路上累积了众多具有现实意义和实践意义的经验做法。在中国大力推进城乡融合发展的今天,借鉴国内外城乡统筹发展的一些理念和政策措施,对我国进一步完善和推动城乡融合发展具有重要价值。

1.3.1 国外城乡融合经验

1. 美国城乡融合经验

作为全球第一经济强国,美国在优化城乡二元结构及促进城乡统筹发展等方面也极为成功。总结并归纳美国在城乡融合发展方面的经验,大致具有以下特征。

(1) 加强"三化"的协同联动。一方面,美国农业现代化的快速发展,不断推进了其工业化与城市化进程。美国的农业现代化发展既缓解了粮食短缺问题,又为城市化、工业化和现代化奠定了扎实的原料、资金和市场基础。另一方面,美国的工业化与城市化进程也极其重视其与农业的协同发展,这在很大程度上又助力了农业现代化的发展。实际上,美国的工业化发展始于棉纺织业,并从纺织工业、重工业向新兴产业迈进。这促使美国构建了农工协同互动、范围广、层次深的产业发展体系,从而进一步提升了农业发展质量。与此同时,1950 年之后,美国还极具针对性地创建了众多适用于郊区的税收优惠政策,以激励城市工厂向郊区搬迁,这自然为农村工业现代化发展奠定了良好的基础。综合而言,美国的农业现代化、工业化及城市化这"三化"之间的协同互动策略有效加速了美国的城乡融合发展进程[9]。

(2) 积极推动交通基础设施建设。1930 年以来,美国增强了对乡村的道路交通、市场及科教文卫等方面的基础设施建设的重视程度,并取得了明显进步。现阶段,大多数美国乡村的公共基础设施及其服务水平均与城区的差距很小[10]。与此同时,美国还通过对基础设施进行高级化升级以促进村镇地区的现代化发展,从而大大缩小了城乡间的发展差距。当前,现代都市化村镇已吸引约 50%的美国人口留居,极大程度上体现了"真实"的城乡发展一体化。特别地,通过重点发展交通基础设施来助力城乡统筹发展是美国城乡融合发展的关键之处。伴随着新型交通基础设施及现代化通信技术的不断发展,城市化进程由郊区化进一步分散,这继续加速了城镇和农村地区的融合发展。

(3) 构建并完善"大都市区"城镇体系。高度城镇化不仅是城乡一体化发展的根本动力,也是城乡统筹发展的重要表现形式。通过完善以"大都市化区"为基础的城镇发展体系来推动城乡一体化,是美国城乡融合发展的典型特征[11]。实际上,美国由之前的城乡分离局面到逐步实现城乡一体化高度发展,这在一定程度上也是以"大都市区"等区域空间组织形式的形成为标志的,并在发展中表现出显著的空间集聚或者扩散辐射的阶段特征。自 20 世纪 50 年代以后,美国城市的郊区化发展趋势日益强烈,众多小城镇以中心城市为依托而迅速发展。与此同时,鉴于小城镇一直遵循以大城市为中心的横向扩散且强调农业与工业协同互动的产业发展导向,这便形成了美国中心城市和郊区虽然功能各异但是又联系密切、相辅相成的"大都市区"。

(4) 立法支持农业与农村发展。作为一个重视法制的国家,美国也极其关注农业农村的立法工作,并坚持通过加大对农业和农村的立法保护力度等措施来缩小城乡差距,进而促进城乡有机融合发展。除去直接对农业、农村的基础设施、文化、教育、卫生等各种公共社会事业建设进行财政补贴之外,美国还把提高农民收入、改善农村环境、完善社会保障制度、建立健全金融保险体系、实施农业农村倾斜的税收优惠政策等视为加速城乡融合发展的有效措施,并通过国家立法予以强化和保障,以不断巩固农业和农村在国家发展中的基础地位。也正是得益于此类逐渐完善的支持农业、农村发展的法律与政策,才使得美国城乡一体化实现长期、稳定而又协调的发展。

2. 英国城乡融合经验

作为全球最早的工业化国家,英国的城乡统筹发展历史也在一定程度上体现出了西方国家城乡一体化的探索历程。具体而言,英国城乡融合发展经验具有以下特征。

(1) 因地制宜,采取差异化区域发展政策。为减缓地区发展差距,英国以各地区的实际发展情况为依据,将全国划为经济衰退、经济密集和偏远落后地区,并针对不同区域制定和推行了不同的发展支持政策。一是推行区域发展补助金制度,根据各地区的发展情况制定不同的补助率,并对经济密集地区的企业数量进行限制,引导并激励落后区域发展经济。二是在偏远地带建立开发区,并对开发区给予差额补助。三是实施"地区选择援助计划",针对那些在经济落后地区进行创业的投资者,政府通过给予一定的奖励及其他形式的补助,以激励投资者前往偏远落后地区进行投资,从而为当地创造更多的就业机会并提高当地的竞争力。四是在机构设置和行政区划上进行了调整。扩大伦敦范围,协调伦敦与其周围地区的经济分工,缓解伦敦经济过度集中的问题。

(2) 健全土地使用制度体系。一是开展用地审批制度。英国的土地拥有者必须在得到开发许可的前提下,才可以取得更高强度、更高价值的使用权[12]。二是开展耕地保护。作为典型的岛屿国家,与西欧其他国家相比,英国的可耕种土地的占比是最低的。自第二次世界大战后,英国加强了对耕地的保护力度,并对城镇建设进行了严格的管制。三是推动规模化生产经营。中世纪时,英国的农村耕地呈条块分割状,称为"条田",其分布零散,分割后的田埂既浪费了耕地,又不利于生产和管理。且这些条田大多狭窄,只能顺犁顺耙,不利于土壤的维护。英国通过土地改革、土地兼并等一系列举措,使土地规模化程度得到了极大的提升。

(3) 推动农业规模化发展,兴办乡村企业。英国的农业合作社在城乡一体化发展中起到了重要的推动作用。作为合作社的起源地,英国的很多合作社不仅逐渐开展办理了多项业务,而且还不断加强自身的联合,使其成为一体化的综合经济组织[13]。农业规模化发展也是英国城乡一体化发展的核心内容之一,其旨在统筹农村资源,助力区域优势产业发展。同时,英国政府通过培育农村市场、改进制造业生产技术等方式,不断提高农村企业的创新水平。此外,英国乡村通过发挥其本身优势并有效利用政府层面的惠农政策,主动积极地进行市场竞争,从而有助于吸引企业家投资乡村产业。特别地,英国乡村依托其广阔的劳动力市场、大量的承包运营项目以及政府推行的扶持政策从而被认为是创业与投资的目的地之一。

(4) 拓宽农业发展的多功能性。为重新识别、理解农业与农村的多功能性,21 世纪初,英国政府将农业、食品及环境部门进行了整合,并顺势组建了"环境、食品和农村事务部"。2005年,英国政府对环保性农业农村经营活动进行了首次补贴,这在一定程度上表明优质的生态环境也是推动乡村发展的基础。具体而言,首先,重点打造生态、绿色的农产品。鉴于英国多对家禽进行放养,从而使其接近天然食物的水平,深受消费者的欢迎。其次,优美的乡村田园景色有助于吸引城镇居民甚至外国游客前往农村地区旅游或者居住[14]。最后,优秀的生态环境也为居民开展乡野间的休闲活动提供了更多选择。特别是英国的众多乡村均已开拓了步行小道,以供居民周末休闲散步。

3. 日本城乡融合经验

日本与我国空间距离接近,历史文化具有一定的相似性,其城乡融合发展经验在某种意义上讲也值得我国研究借鉴。综合来看,日本的城乡融合发展具有以下特点。

(1)优化法律保障体系,依法推进城乡融合发展。为进一步统筹城乡一体化发展,日本政府综合考虑国家层面的需求及农业、农村的发展运行规律,创建并逐渐完善了内容翔实、覆盖范围广、侧重点不同的规章制度体系。其相关内容主要涵盖农村土地制度改革、农业保险制度体系构建及缩减城乡收入差距等。也正是因为各类法规制度互相支撑以塑造出有机整体,从而有效保证了乡村振兴战略实施的可持续性[15]。

(2)开展多样化的补贴,引导农户进行农业生产。日本政府采取了形式多样的涉农补贴。一是农业补贴。该补贴主要涉及农业基础设施、保险、贷款等内容,其旨在提高农业生产率、优化农业生产条件及提高农民收入。二是直属于贫困地区的补贴。该补贴通常适用于整个贫困村庄,一半补贴用于基础设施建设,另一半则直接给予农户。三是适用于生态友好型涉农产业发展的现金资助。例如,2011年起,日本政府优先对降低农药化肥使用量和使用频率的农户提供资金支持和中长期低息贷款。四是关于土地整合及流转方面的补贴。例如,2013年起,日本构建了以政府为主导并承担所用相关费用的土地流转机构,这一举措不仅在很大程度上加速了土地流转,而且也有效缓解了原先农户承担过高的土地平整费之类的问题。

(3)重视人才培养,夯实乡村振兴的基础。一是大力振兴乡村教育。其方式主要是发挥中央财政对偏远贫困地区学校的支持作用。二是引导并鼓励社会资本参与扶持乡村教育。根据农户的不同需求,设立专业化的培训机构,并有组织、有计划地开展学习培训,不断优化农户的技能架构。三是推行农村"领头羊"人才政策。为了提高上层科研与人才等政策下达至乡村的准确性,日本政府提高了对各类乡村人才的重视程度与培养力度,并强化了对此类人才的政策优惠力度,从而为乡村振兴战略的推进提供了大量的人才。四是提高农村居住质量。日本政府通过不断改善农村的交通、教育、医疗等基础设施，有效提高了人才的留村意愿。同时，政府还通过扶持政策引导农业协同组织利用农民的剩余资金开展乡村建设，从而有效改善了农村整体风貌，促进了农业和农村全面发展[16]。

（4）以城乡产业融合提高农村发展活力。城乡产业融合既可促使城镇的人才、资本和知识等要素流向农村，又可以反向为城镇居民提供绿色农产品等服务，有助于为农村孕育新的增长引擎。具体而言，日本主要发展了乡村旅游与休闲农业，相关举措包括：引导并鼓励农户建设民宿、运营农家乐等，专项拨款用于建立特色农产品加工与体验基地，同时在城镇开办农产品运营店铺，并强化特色产品的营销。其中，最为典型的措施为始于1980年的“一村一品”[17]。它是以当地优质、优势资源为基础而发展起来的特色农业发展运营模式，其旨在有效培育或创造具有当地标识性的产品或项目，并尝试将其进一步推广运营为国内甚至全球层面的品牌。自然地，日本政府在其中也起了关键作用，其主要通过政策及资金扶持，引导并激励农户有效借助乡村地区的生态、环境和人文资源吸引社会资本流入，延伸产业链、改善供应链并提升价值链。同时，大力发展家庭手工业、农产品加工业、民俗产业和乡村旅游业，实现本地特色农工产品生产、加工和销售的专业化、协同化与一体化。此外，政府还支持农业协同组织的有效介入，保障农产品价格，拓展农产品营销渠道。2010年起，日本开始实行《六次产业化 · 地产地消法》，出资建立农林渔业产业化的投融资平台，帮助小微企业和农村创业者解决资金及市场方面的问题[18]。

1.3.2 国内城乡融合经验

1. 苏州城乡融合经验

（1）坚持“三个集中”，持续优化空间布局。苏州立足城乡一体化发展的实际需求，健全城市规划制度，兼顾城乡土地资源的管理及利用，推进城乡土地增减挂钩的实践。同时，毫不动摇地坚持“三个集中”，即工业企业向园区集中、耕地向规模经营集中，农村住房向城镇和中心村落集中。此外，苏州以不同功能作为切入点，要求位于工业区和城镇规划区的行政村以现代服务业作为重点发展方向，加速与城市进行融合；有较强产业基础、人口规模较大的行政村，其首要任务是尽快实现新型工业化，加快城镇化速度；对于位于农业规划区、保护区的村落，要把现代农业作为主攻方向，助力三次产业融合、协同发展，稳步推进农业现代化。苏州还以“三个置换”为契机，一是积极引导农户激活乡村资产，将农村集体产权转换成社区合作社股权；二是以征地作为桥梁，将土地承包经营权置换为入股换股权；三是针对宅基地使用权，可以将拆迁及预拆迁作为参考，以城镇住房，二三产业用房或置业合作社股权的形式对其进行置换，同时也可进行货币置换，从而加速农民身份转变，提高城镇化率，实现农民增收[19]。

（2）践行“三大合作”，完善富民强村体制机制。苏州不仅在全国农村人口纯收入上遥遥领先，而且其城乡居民收入差距在全国范围内也是相对最小的。苏州相继公布了二十余项富民强村的政策性方案，为实现农民增收奠定了坚实的基础，而农村的“三大合作”正是在此类文件中被提出的。具体而言，一是农民社区股份合作社。其旨在建立产权归属清晰的农村集体经济结构，把农村集体资产折算到社员手中，按照入股数额将盈利分配给社员，并对其进行民主管理。二是土地股份合作社。土地承包经营权被置换后，鼓励农户入股共同构建土地股份合作社，并引导以折股、入股的形式参与分红。三是农民专业合作社。例如，围绕生产营销等方面构建的合作社，以及以异地为主、本地为辅而创建的富民合作社。总之，将“三大合作”作为支撑，农民实现增收的机制日趋完善，苏州的农民在共同富裕之路上越走越远，越走越稳[20]。

（3）深化“三项建设”，助力基本公共服务均等化。苏州大力建设农村社区服务中心，重视其在促进城乡公共服务均等化进程中的重要作用。作为农民群众提高政治思想与文化水平的关键场所，以及开展公共教育并强化人际关系的重要阵地，社区服务中心有助于指引农民增强对传统意识和观念的正确认识，强化对现代生产技术和经营模式的掌握程度，从而有利于推动生产生活方式向更高效的方向转变。

（4）做好“三篇文章”，提升城乡环境质量。苏州市致力于打造“全球宜居城市”，不仅对湿地、水域等生态保护区进行了重点维护，而且还构建了富有层次性的、具有多功能属性的、城乡携手共建的绿色林业生态网。落实“水文章”，既要加强对太湖、阳澄湖等大型水域的保护和利用，又要重点关注城乡水系的流通、交汇，全力打造以“水”为基础的生态环境新格局；重视“山文章”，合理拓展农业开发区域，加大对山区生态环境保护的投入力度；做好“绿文章”，以“四沿（沿路、沿水、沿村、沿城镇）三区（绿色基地、绿色通道、绿色家园）两点（单位、庭院）一片（生态片区）”为重点，加快推进农村生态绿化建设。

2. 成都城乡融合经验

（1）完善城乡规划。成都始终将科学而合理的规划作为城乡融合发展的根基，并持续优化城乡规划的管理体系，继而在完善城市空间布局、创建城乡一体化的管理方式及推动城乡统筹的法规建设等方面展开了实践探索活动，并获得了显著成效。城乡融合政策推行之初，成都就将城乡规划视为重中之重，即将城市和农村放在同一位置，顺势将农村地区纳入城市的各类用地拓展、产业发展等各项计划中，助力构建城乡协同发展、联系紧密的规划、监督与执行体系，最终有助于加速推进城乡规划管理机制体制的全覆盖[21]。

（2）支持城乡产业发展。构建城乡三次产业协同发展的机制，是推进城乡融合的重要支撑力量。突出产业在城乡融合发展的作用，推进城乡产业空间合理和优化布局，促进产业合理集群，并与农村剩余劳动力转移相匹配，增强三次产业之间的互动。具体而言，成都遵循现代产业运行的机理，落实集中、集约和集群发展的思路，协整推动新型城镇化和现代化农业建设。凭借城乡一体化的产业协同发展体系，成都正大力架构以现代化新型服务业为重点、以信息技术为驱动力、以现代化农业和制造业为根基的产业体系，不断在产业结构的优化升级中构建布局合理、城乡三次产业协同发展的局面[22]。

（3）健全城乡市场体制机制。实现城乡融合发展，除了政府的有力推动，还需要发挥市场作用。2008 年起，成都逐步开展了推动农村资产资本化的农村产权制度改革，可将部分农村土地等资产进行流转及交易，而难点则在于农村集体建设用地的流转。因此，完善并优化产权明确、权责清晰的城乡交易市场制度，对于加速农村资产资本化、助力农户改善生产生活方式及实现城乡协同发展具有重要意义[23]。城乡市场改革主要涉及以下内容：清晰而有条理地对农村集体用地及房屋产权进行登记；建立健全农村耕地保护制度；完善土地（特别是集体建设用地）承包权、经营权流转制度；逐步推行各种相关配套措施来助力农村房屋产权流转。

（4）优化城乡公共服务。成都市积极推动公共服务改革，构建了具备城乡一体化性质的公共服务运行及财政扶持机制。其重点是在科教文卫领域推动城区的公共服务资源扩大覆盖至农村地区，助力城乡公共资源实现合理配置，促使农村居民也能同等地享受优质的公共服务。特别地，成都在市、区（县）层面分别增加了对乡村的财政投入，而且村级层面的公共服务支出也已归算至政府的财政预算中，这在全国范围内起到了先锋模范作用。总之，成都极其重视农户的生活方式转变，积极发展新时代新农村，合理引导农户进行集聚以更为便捷地共享发展成果，切实保障农民可以享受到与城镇居民一样的医疗、教育等方面的社会保障或服务。

1.4 城乡产业融合发展：城乡融合发展的破局之道

改革开放以来，我国凭借自然资源、产业基础和人口红利等优势，持续推进产业发展与转型升级，城镇化建设进程大大加快。在长期以来的“城市带动农村”的城乡关系模式下，我国农村面貌也发生了显著变化[24]。然而，我国农村发展依然存在着农村产业单一、产业链延伸不长、公共服务供给有待提高等问题。在城乡关系上，“十四五”时期，为应对复杂多变的国际环境，国内国际双循环战略被提出，并将国内大循环作为未来中国发展的出发点和落脚点。唯有形成巨大的国内需求市场和国内供给能力，才能支撑并带动外循环[25]。如果农村产业，特别是粮食、畜牧业等农业发展不起来,国内最基本的产品供给就不能得到保障,而进一步促进我国市场条件的改善和居民消费结构的升级,也需要持续推进城乡融合发展。目前城乡居民需求已呈现多样化趋势,但城乡之间的产业发展差距依然巨大,尤其是农村产业结构单一,无法适应城镇和农村居民日益增长的消费需求。具体而言,除了基本的食物需求外,城乡居民还有食品安全、健康养生、休闲观光等更高层次的服务性需求。此外,也需要进一步开展制度性创新,具体可以通过农产品深加工、农业产业链延伸、农用地和宅基地流转等各种方式增加农村居民的经济收入,满足他们的经济需求。上述这些现实条件的变化都为城乡产业融合发展带来了契机。

值得注意的是,新技术革命和商业模式的变革为城乡融合发展提供了基础性条件。科技水平的进步既是城乡劳动生产率提升的重要原因,也是打破城乡产业壁垒的内在动力。比如,基于现代技术的电商业态、物流供应链的发展,使农业生产和产品营销有了与城市市场密切接轨的可能。新技术革命带来的互联网、物联网、人工智能等信息技术水平的提升,一方面强化了城市的技术扩散效应,另一方面增强了乡村经济的内生发展动力。这两方面效应既有利于乡村经济的进一步发展,同时又助力了城乡产业融合发展。

产业兴旺,特别是乡村产业能够得到发展,是新时代城乡融合的基础和前提。通过梳理国内外城乡融合发展的经验可知,无论是美国的“三化”协调发展,英国的“兴办乡村企业,拓宽农业发展的多功能性”,日本的“一村一品”和“六次产业化”,还是苏州和成都的“三个集中”,此类政策措施都在强调要推动农业向第二、第三产业融合发展,并通过延伸农村产业链来提高农民收入以促进城乡一体化发展。近年来,中央一再强调,要优先满足“三农”发展要素配置,破除妨碍城乡要素自由流动、平等交换的体制机制壁垒;健全农村一、二、三产业融合发展的利益联结机制,让农民更多分享产业增值收益。

2019年4月,《中共中央 国务院关于建立健全城乡融合发展体制机制和政策体系的意见》进一步提出要搭建城乡产业协同发展平台,培育发展城乡产业协同发展先行区,推动城乡要素跨界配置和产业有机融合。现阶段,我国既有加速城乡统筹协调发展的必要性,同时又具备推进城乡融合发展的基础性条件。总之,推进城乡产业融合发展,是实现中国式现代化的重要方式。

1.5 本书的研究思路、研究内容与研究方法

1. 本书的研究思路

改革开放40年来,中国以“时空压缩”般的方式走完了西方发达国家数百年的发

展过程，在创造“中国经验”“中国奇迹”及“中国道路”的同时，也显示出了不同于其他国家和地区的独特发展路径和内容。现阶段，我国城乡关系已进入城乡融合发展的阶段。将农村与城市放在同等重要的位置，是我国结合国内外经济形势变化而做出的重大举措，但我国长期形成的城乡二元分割问题在短期内难以被打破、城乡居民收入绝对差距继续扩大、乡村日渐衰落等问题仍较为严重。破解城乡融合发展困境，对缩小城乡差距、促进农业农村高质量发展及实现农民增收致富具有重要意义。

产业融合是城乡融合的基础。从产业融合发展的视角出发，探讨消除城乡二元结构、促进城乡融合发展的理论机理，总结国内外城乡融合发展的成功经验，分析当前中国城乡产业融合发展存在的困境与问题，提出城乡产业融合发展的机制体制和方式路径是破解城乡融合发展困境的破局之道。基于此，本书以促进城乡融合发展的现实问题为导向，以现实问题认识──→主要问题分析──→关键问题识别──→问题机理探究为出发点，在经验研究、机理判断的基础上，提出城乡产业融合发展是促进城乡融合发展的关键步骤，并通过构建促进城乡产业融合发展的系统及体制机制来保障城乡产业融合发展。

本书紧紧围绕“城乡产业融合发展——破解城乡融合发展困境——促进城乡融合发展”的逻辑体系展开。首先，对我国城乡产业融合发展的现状及问题进行描述；其次，系统探讨了城乡产业融合发展的理论机理及制约因素；再次，为进一步促进城乡产业融合发展，设计构建了符合我国国情的城乡产业融合发展系统及机制；最后，提出优化我国城乡产业融合发展的制度安排和产业政策。

2. 本书的研究内容

本书第 1 章主要梳理了中国城乡关系由“二元分割——二元分割逐渐被打破——城乡统筹——城乡一体化——城乡融合”的演进历程，明晰了中国城乡融合发展的主要问题。同时，基于国内外城乡融合发展经验，结合当前国内国际经济形势变化，总结出城乡产业融合在破解城乡融合发展困境中的重要意义。

第 2 章对国内外相关研究的文献进行了综述。一方面，系统梳理了城乡关系发展的理论源流，同时从城乡融合发展过程中的突出问题、影响因素和发展策略等角度进行文献综述；另一方面，从城乡产业融合的内涵、方式、制约因素、促进城乡产业融合的体系与机制研究等角度进行了文献梳理，为后续研究奠定理论基础和文献依据。

第 3 章论述了我国城乡产业融合发展的现状及问题。首先，梳理了我国城乡产业融合的发展历程及阶段特征；其次，从总体特征、微观要素和制度特征的角度探讨了城乡产业融合的发展现状；最后，总结了城乡产业融合发展面临的问题，从而为后续的理论探讨、案例研究和机制设计提供现实基础和依据。

第 4 章探究了城乡产业融合发展的理论机理。城乡产业融合理论是基于产业结构理论、组织理论、产业链延伸理论和产业融合等理论发展而来的。首先,本章从农村产业自身出发,探讨了农村产业融合的理论基础和经济效应;其次,从产业的优化效应、拓展效应、区域效应以及收入效应等方面探讨了农村产业融合的经济效应;再次,介绍了产庄融合、产城融合、产业链融合和互联网融合这四种城乡产业融合模式;最后,从结构效应、空间效应和环境效应三个维度探讨了城乡三次产业融合的经济效应。

第 5 章涉及约束城乡产业融合发展的关键因素,主要从影响城乡产业融合的内部拉动力、外部推动力与制度因素三个维度展开了分析。影响城乡产业融合的内部拉动力包括生产要素条件和产业支撑条件两个部分。其中,生产要素条件包括资本因素、人才因素、土地因素及技术因素;产业支撑条件则涵盖农村自然资源和既有产业基础这两方面。外部推动力包括政治环境、市场因素和社会因素。制度因素则涉及土地制度、户籍制度及乡村空间治理体系这三方面。

第 6 章介绍了城乡产业融合发展系统构建。首先,本章基于系统论和区域协同的视角,对城乡产业融合与城乡产业融合系统的内涵进行重新界定;其次,将城乡产业视作一个系统,重点从要素环境、市场环境、经营主体条件、产业基础和制度环境这五个方面分析了城乡产业融合系统的构成要素和运行机制;最后,从城乡产业融合系统构建的目的出发,分别从生产协作体系、技术协作体系、市场协作体系和服务协作体系的角度对城乡产业融合系统进行了完善。

第 7 章为城乡产业融合发展机制设计。一是阐述了城乡产业融合发展机制的内涵;二是确定了城乡产业融合发展机制构建的基本原则;三是指出了城乡产业融合发展机制构建的目标体系;四是提出了城乡产业融合发展机制的基本模式;五是确定了城乡产业融合发展机制构建的基本逻辑;六是阐述了城乡产业融合发展机制的构成,即组织机制、产业链协同机制、利益协调机制和保障机制,以及每个机制的内涵、实现方式和运行机理。

第 8 章为城乡产业融合发展的国内外经验借鉴。以美国、法国、荷兰、日本、韩国及中国(苏州和成都)为例,对以上经济体的城乡产业融合发展情况及做法进行梳理总结。首先,对欧美发达国家进行了分析,此类国家城乡产业融合发展得较好,其主要做法有发挥农业经营主体功能、支持教育和高新技术发展、完善政策和法律法规、注重基础设施体系建设等;其次,韩国和日本比较重视城乡产业融合发展中的利益联结机制构建、人才培育和科技创新等;最后,总结了中国典型区域的城乡产业融合发展概况和经验。

第 9 章提出了优化城乡产业融合发展的对策建议。一是强化城乡产业政策和制度创新,具体包括创新产业监管机制、提高财税与金融政策靶向性以及推进农村产业准入负面清单制度等;二是要提升多元融合主体能级,具体包括推动小农户向高质量规范化家庭农场转变、鼓励龙头企业发展等;三是要完善利益、风险与信息三者协同共担的机制；四是要加快农村要素资源与空间优势重塑，具体涉及完善城乡生态资源要素市场化定价机制、优化营商环境和强化人才建设等；五是要推进现代化产业链优化升级，构建以生态化、精细化、创意化和数字化为核心的现代化产业链。

3. 本书的研究方法

第一，文献梳理法。充分收集、整理与城乡产业融合发展相关的现有文献，利用文献梳理法对研究现状进行梳理和综述，厘清学术界对城乡产业融合的研究进展，提炼出现有研究的不足之处和尚待解决的问题，从而为本书进一步研究城乡产业融合提供可行性和理论支持。

第二，理论分析法。实际上，理论分析贯串于本书的各个章节。例如，第 2 章对国内外城乡关系和思想等进行了分析，并对各理论的发展脉络进行了系统性梳理；第 4 章则是对产业结构理论、产业组织理论、产业融合理论等进行了归纳总结。此类理论分析有助于为构建城乡三次产业融合发展系统及机制奠定基础。

第三，案例分析法与比较分析法。本书结合城乡产业融合发展的分析框架与模式，以不同地理区域的典型县区为案例对象，总结了我国城乡产业融合过程中人才、资金等生产要素以及相应的制度变化特征。此外，本书在为中国城乡产业融合发展提出政策建议的过程中，分析了美国、荷兰、法国、日本、韩国及中国典型区域的城乡产业融合发展经验。通过比较分析，深入剖析政府、市场、经营主体三个维度的城乡产业融合发展路径，并提出相应的政策建议。

1.6 本章小结

随着全球科技进步，打破产业壁垒、促进产业融合逐渐成为新的产业发展方式。同时，随着我国社会生产力发展水平不断提高，农业作为第二、第三产业基础性支撑产业的功能已经实现，城乡产业由分离走向融合也是城乡关系发展的必然趋势。但现阶段，我国城乡产业分割、产业关联性不强等现象依然存在。不能忽略的是，我国农村有着广大的消费市场和投资空间，在实施扩大内需和构建双循环新发展格局的过程中，农业农村的发展潜力为城乡之间的要素互联互通创造了广阔的空间。随着全球化和信息化的深入，各种新型生产要素不断涌现。与此同时，产业界限不断模糊，产业融合发展逐渐成为现代产业发展的一个重要特征。

基于此，一方面，本章系统梳理了我国城乡关系的演进历程，发现我国城乡融合发展主要存在着城乡收入差距依然较大、城乡要素自由流动面临制度性障碍、城乡基本公共服务均等化任务艰巨和城乡基础设施一体化程度存在显著的区域差异这四个方面的问题；另一方面，通过梳理国内外城乡融合发展的成功经验可知，城乡产业融合是各国和地区完善并优化城乡融合发展的重要举措。总之,本章梳理和辨析了中国不同发展阶段的城乡关系,并初步总结了国内外城乡融合发展的主要问题和典型经验,从而有助于为理解中国城乡产业融合发展与城乡融合发展之间的关系、构建城乡产业融合发展系统和机制提供依据。

第 2 章　国内外相关研究的文献综述

对国内外相关理论和文献进行回顾梳理，不仅可以为本书探讨城乡产业融合发展系统提供强有力的理论支撑，而且也能够为本书构建理论分析框架提供充足的理论依据，同时还能为分析中国城乡产业融合发展的体制机制、探究城乡产业融合发展的演化规律、科学认识城乡产业融合发展中出现的新问题以及探索中国特色的城乡融合发展路径提供重要的思路借鉴。

2.1　城乡融合发展的理论源流

16 世纪时，空想社会主义学家莫尔讲述了城乡一体化的原始面貌：市民与农民为一体，农村不存在常住居民，农村的住宅和土地由市民轮流居住和耕种，城市与乡村之间的生产要素自由流动[26]。亚当·斯密提出“自然顺序论”，指出先诞生农村而后建设城市的发展理念，并从分工的视角探究了城乡之间的互利关系，进而按照资本投入从农业流向工业最后流向国外贸易的顺序揭示了城乡发展的本质[27]。自此，城乡发展理论的基础和框架初步形成。

各个国家在城乡关系发展过程中都存在大致相同的演变路径，即从乡村孕育城市到城乡二元结构，再到城乡一体化。随着经济社会的发展，城乡关系在不同的发展阶段具有不同的形式和特征。相关学者基于不同发展背景和阶段，提出了不同的城乡关系发展理论。这不仅在有效探究城乡融合发展进程方面取得了成果，而且在一定程度上为城乡融合发展的理论溯源提供了依据。

2.1.1　马克思主义学者的城乡关系理论

1. 马克思与恩格斯的城乡关系理论

(1) 从城乡对立到城乡融合

18 世纪以来，资本主义大力发展机器工业，城市化率迅速提升，城市人口的增长和经济的快速发展使得城市占据了社会发展的重要地位。自此，城乡关系发生了重大的改变,城市从乡村中脱颖而出。

马克思和恩格斯指出城乡分离是必然出现的,而消除城乡差距和城乡对立是工农业发展的必然要求,也只有真正地消除城乡对立,才能有效解决生产力的发展问题[28]。马克思和恩格斯认为在共产主义时期,工业与农业有机结合,生产力在工业和农业之间合理分配,城市不再遵循单一快速的发展模式,而是保持和农村协调发展、互利共存,即实现了城乡协同发展。

(2) 均衡城乡之间的资源要素配置

消除城乡对立、实现城乡融合是马克思和恩格斯一直关注的问题。马克思认为城乡对立是一种自然现象,并提出了以下可以缓解城乡对立分离局面的举措。

首先,马克思和恩格斯指出,要想消除城乡对立,只有彻底废除私有制,才能实现城乡融合。资本主义制度主要通过牺牲工人来换取劳动生产力,即商品生产都是靠剥削劳动者来实现的[29]。此外,在私有制的制约下,不仅生产效率难以提升,而且社会分工结构也不够合理,所以只有改变资本主义生产方式才能满足社会需求。

其次,在资本主义社会,资产阶级为了自身的利益剥夺土地、资本和劳动力,在短期内通过强制手段使农民进入城市,这不仅使城市生活空间出现拥堵等问题,而且还导致农村仍处于发展极其落后的地位。要想缓解这种城乡对立局面,应该合理地分布城市和乡村的人口。

再次,城乡二元结构对立在一定程度上也体现了一次和二次产业发展不平衡的问题。要促进城乡协同发展,理应从根本上解决工业生产与农业生产上的不平衡发展问题。只有将工业生产和农业生产进行协调配合,并与农民的生活需求紧密结合,才能破除城乡之间的对立关系。鉴于此,马克思和恩格斯提出了工业反哺农业的思想,即使用新兴技术优化农业生产经营模式,从而起到缩小城乡发展差距并减缓城乡对立关系的作用。

最后,大力发展交通运输业。马克思和恩格斯认识到交通运输业将会对整个社会的发展起到至关重要的推动作用。通过对交通运输业进行改进与创新,城市与乡村的联系更加紧密,这有助于推动城市先进的生产方式、生活方式进入农村,促进城市和农村共同利用促进生产力发展的先进技术,共同享有发展生产力带来的成果,进而实现城乡融合并消除城乡对立。

(3) 以城市哺育乡村发展

马克思和恩格斯在批判资本主义城镇化发展带来城乡对立的同时,也肯定了资本主义城镇化过程中的历史进步性。他们认为,在初始阶段,各种优质的资源都聚集在城市,而农村的发展严重滞后。但随着城市不断发展,城市逐渐展现出了正向空间溢出效应,从而发挥了对周边农村发展的带动作用。此类空间扩散效应不仅丰富了农村资本、技术和人才等物质基础,同时也对农村的生产方式、生活方式及农民的文化价值观等产生了一定的正面影响。

（4）先进技术促进城乡协调发展

马克思和恩格斯认为,先进的技术对城乡关系的协调起到了至关重要的作用,科学技术的发展是消除城乡分离与对立的关键环节。马克思曾多次强调科学技术是推动生产力和生产关系优化的主要力量,即运用先进的技术可以有效提高农业的生产效率,进而增加农民的物质财富。因此,先进的技术可以促进农村农业的发展,其也是消除城乡对立的基础。

2. 列宁的城乡关系思想

（1）创建工农经济联盟

列宁对马克思和恩格斯的城乡关系思想进行了扩展,肯定了工业和农业有机结合的必要性,即要想消除城乡对立矛盾,必须大力发展工业与农业。根据俄国农村、农业和农民的基本情况,列宁指出在城乡关系发展过程中,工业与农业要共同进步。为了增加农村居民对农业生产的积极性,他提出了一系列经济政策。例如,利用合作化的方式促进农业发展;充分利用商品交换来提高工业和农业产品的流动速度,有效满足城乡居民的生活需求。特别地,通过工业产品和农业产品的频繁交换互动,商品流通速度显著加快,促进了苏维埃工农经济联盟的建立,由此进一步完善了城乡关系。

（2）加快推动农村人口市民化

列宁为消除城市在发展过程中的特权地位,建议应推动农村人口的城镇化进程,积极引导农村人口流向城市以促进城乡融合发展,并营造一种城乡平等的社会环境,从而有助于改善城乡关系。列宁从马克思主义唯物史观和辩证法的观点出发,肯定了资本主义的城镇化发展具有历史进步性,所以其强调将农业与非农业户籍人口进行融合,才能有效改善农户发展的弱势地位[30]。这是因为农村人口的城镇化,既有利于加强城市居民与农村居民的互动,又有助于提高农村居民的生活水平与文化素养,并改善农村居民的生活方式,从而加速消除工业与农业之间的差距,实现城乡协同的发展目标。

（3）加大政府对农民及农村的扶持力度

俄国农业发展面临的主要问题是农业基础设施建设薄弱和农业生产资料短缺。为了提高农村居民的生活水平,列宁曾建议实施助农惠农措施,即政府应出台合理化的政策,优化传统的农业生产方式。政府除了在资金和技术等方面对农村提供支持外,还应利用城市的文化效应影响农村的文化发展。列宁认为城市文化对农村文化的发展起到了至关重要的作用,所以支持城市党组织和城市文化团体走进农村。同时,建议政府创造更多的机会来助力农村文化的建设,加强城乡之间的文化互动。

2.1.2 西方学者的城乡关系理论

1. 二元经济结构理论

刘易斯二元经济结构理论以两个假设为前提：一是在发展中国家划分出了传统农业和现代工业这两个经济部门，后者较前者具有更高的劳动生产率和收入；二是无限供给的劳动力，发展中国家的人口增速较快，具有相对廉价的丰富劳动力。鉴于工业部门的生产率和预期工资水平较高，而且理论上只需要支付略高于农业部门的工资就能够获取更多的剩余劳动力。因此，如果采取有效手段促使所有农村剩余劳动力流转至工业部门，城乡之间的差距理应可得到有效缩小[31]。

拉尼斯和费景汉进一步完善了二元经济结构，后被提炼总结为拉-费模式。该模式虽承认发展中国家具有两个经济部门，但却认为刘易斯忽视了农业发展对工业的促进作用，特别是农业剩余产品的产生将促进传统农村劳动力转移到现代工业部门[32]。首先，拉-费模式更注重农业农村的发展，即农业发展为工业提供了大量的人力和物力；其次，拉-费模式认为科学技术的发展可以有效地提高生产效率；最后，拉-费模式提出了临界最小努力原则，即人口数量变动也会对劳动力流动产生影响。其不足之处则在于它的前提条件是农业部门一定存在剩余，而且工业部门无失业问题，这显然不符合实际。

乔根森借鉴新古典经济学，重新构建了二元经济发展模式。乔根森模式有四个前提假设，一是发展中国家存在工业部门和农业部门；二是只需要土地和劳动力就能经营农业，而不需要资本积累；三是工业生产经营只需借助资本和劳动力；四是两个部门的生产会随着时间的变化而变化[33]。此外，乔根森还认为工业扩张依托于人口总量和剩余劳动力，提高农业生产率将会助力工业发展。由此可见，二元经济结构的转换主要取决于农业剩余是否存在，进而强调了农业部门与工业部门的紧密联系。该模式注重农业发展的可持续性，认为先进的技术可以提高农业的生产率，同时其也注重市场的调节作用。总之，农业的发展对二元经济结构的转换具有重要意义。

哈里斯和托达罗考虑了城市失业问题，并创建了哈里斯-托达罗模型。该模型指出二元结构的转换需要综合考虑城市的就业和收入预期[34]。由于长期忽视了农业对经济发展的重要性，从而造成农村人口大量转移到城市以及城市人口失业率同步增长的问题。哈里斯和托达罗认为仅仅通过扩大工业部门无法缓解城市的失业率，应该制定农村的发展规划，积极推动农村地区的经济发展，缩小城乡发展差距。此外，哈里斯和托达罗建议应加强农村经济建设，提高农民的就业率，完善城乡之间就业的不平衡现象。同时，发展职业教育、调整教育结构、改善农村的公共基础设施条件，从而有助于缓解短期内过量农村人口流入城市的问题。

2. 不平衡增长理论

艾伯特·赫希曼认为平衡增长不具备可行性，发展中国家应该聚集资本等有限的资源发展某一部门或者某些部门，随之利用发展起来的部门带动剩余部门的发展[35]。他还指出，国家也会干预经济的发展，加强经济发达地区的涓滴效应，促进不发达地区的经济发展。一些地区之所以落后，是因为自身的资源有限，从而很难大规模地将有限的资源投入各个部门之中，最优选择只能是将有限的资源投入某一部门或者某些部门。这样既可以有效地解决资源不足的难题，又可以通过辐射作用带动其他部门的发展。

一些学者指出，即使在非均衡发展中，交通条件的改善与知识技术的进步也会带来扩散作用，从而有效推动各个地区经济的协调发展。另一些学者认为，不平衡发展会产生恶性循环，扩大各个地区的贫富差距。纳克斯提到，发展中国家存在贫困增长的恶性循环，经济发展相对落后的地区既会产生低水平的供给，又会产生低水平的需求。需求与供给方面的循环同时发生作用，这种不平衡发展会造成恶性循环[36]。

3. 核心-边缘理论

弗里德曼将空间经济系统分为核心区和外围区，核心区具有较强的创新能力，边缘区一般是经济发展相对落后的地区，两者存在依附关系[37]。弗里德曼认为核心区在整个系统中起着至关重要的作用，它的价值主要体现在以下四个方面：一是核心区通过其他相关系统来对外围区进行组织管理；二是核心区向外围依附区传递先进成果；三是核心区的不断强化有助于相关系统的发展；四是依托空间系统之间的要素流动，核心区可以继续发展壮大。

该理论认为，在工业发展的初始阶段，农业发展占据主要地位，城镇化发展相对较慢，区域之间的联系较少，整个经济社会系统还处于不完善的状态；在核心区域的工业强化阶段，城市逐渐形成，工业化程度进一步加深，核心区的经济实力和政治力量显著提升，边缘区呈现出弱化的态势；在工业化的后期，核心区的各种要素开始向边缘区流动，边缘区的经济得到了发展，各种产业开始出现；在区域经济一体化阶段，核心区的各种要素加倍地向边缘区流动，整个系统之间的交流开始逐渐频繁，城市规模不断扩大，各个区域之间开始进行有关联的协调发展。

2.1.3 中国特色的城乡关系思想

中华人民共和国成立以来，中国城乡关系发生了显著变化，城市与乡村之间的关系呈现出相互影响、相互依赖的状态。相关学者将我国实际国情和马克思主义城乡关系相结合,提出了一系列中国化的城乡关系理论。

1. 城乡兼顾思想

与资本主义的城乡关系存在本质的不同,我国早期的城乡关系因受到各方的压迫与剥削而具有半殖民地半封建属性。随着工商业的不断发展,城市与乡村之间的交流与联系日益频繁。然而,由于农村居民面临着外界的多重压力,导致城乡之间的实质性互动逐渐减少,进而扩大了城乡之间的差距。

党的七届二中全会以后,我国农村的经济发展还处于落后的状态,农业基础比较薄弱。毛泽东同志指出要想协调好城乡之间的关系,不能只注重城市的发展而忽略农村的进步,应该城乡兼顾,促使城市与乡村共同发展[38]。依据马克思主义关于优先增长第一部类生产的普遍原理,以及总结苏联 40 年来社会主义工业化的工作经验,毛泽东同志根据我国的基本国情,提出了工农并举的发展思想。在工业与农业发展的过程中,毛泽东同志决定将农村的农业与城市的工业有机地结合,优先发展重工业,并强调农业与轻工业在发展过程中也应占有一定的比例,即在实现工业化的同时,也要实现农业的现代化。

毛泽东同志意识到在社会主义公有制与私有制共同存在的社会环境下,我们需要一个促进商品交换的发展阶段。同时,毛泽东同志提出在这种社会主义制度条件下,商品之间的交换应该遵循等价原则。平等交换可以保证我国公民最基本的合法权益,不仅可以提高我国劳动者对农业生产的积极性,又能够有效推动农村经济的发展,还可以改善农村整体的生活面貌,并加强城市与农村之间的经济互动。

2. 城乡互动思想

党的十一届三中全会以后,我国开始对农村进行改革。在调整基层生产关系的同时,放宽农村的经营政策,给予农民一定的自主权。积极鼓励农村农业采用多元化的经营方式,并通过调整农村的生产关系来调动农村居民进行农业生产的积极性。中共中央还将这种改革引入城市,并对城市的国有企业进行调整,提高了国有企业的经营自主权,并侧重提高国有企业的创新能力,从而获得更好的经济效益。

邓小平同志认为农业与工业的发展具有相互依存的关系,属于一种相互制约的发展过程,即工业与农业相互支撑、共同进步。邓小平同志指出,工业和城市的发展应能够带动农村的经济发展,特别是要积极帮助农村发展自己的小型工业,有效推动农村的工业化发展[39]。只有增加农民的收入,使农民过上富足的生活,让农村适应农业机械化的发展要求,这样才能慢慢地缩小城市与乡村之间的差距。

在计划经济体制下,城乡之间的矛盾日益严重。邓小平同志察觉到市场作为一种经济手段的重要性，并将计划经济与市场经济进行了有机融合。这种资源配置方式不仅能帮助我们正确地梳理城乡关系，而且还有助于缩小城乡发展差距。

邓小平同志根据我国的实际国情提出了科技兴农的发展思想，强调现代科学技术在农村经济社会发展过程中占有重要的地位，并表明农业科技现代化是我国农业现代化发展的核心。在大力推动农业现代化的过程中，邓小平同志同样重视教育问题。教育可以提高农民的文化素质，更好地实现农业现代化，因此需要将提高农民科学文化素养加入科技兴农的战略框架里。邓小平同志的科教兴农思想为我国社会主义农业现代化建设开辟了新的道路，有效地促进了城乡融合发展。

邓小平同志也肯定了生态环境在我国现代化建设中的重要地位，为城乡之间的生态协调指明了方向。总之，增强城乡之间的互联互通，优化工业与农业之间的互动关系，合理利用市场的调节作用，注重科学技术与人才的培养，并注重生态环境的保护，方可有效推进城乡之间的协同发展。

3. 城乡均衡思想

从党的十三届四中全会到十四大，江泽民同志始终将“三农”问题视为关乎国家全局的战略性问题[40]。江泽民同志认为要想把国有企业做得有声有色，就必须对国企进行改革，以助力城乡之间的协调发展。在对国企进行不断改革的同时，也应逐渐改变城市传统的运行模式，建立起符合现代化企业发展的制度体系。伴随着各类改革的推进，整个社会的大环境发生了变化，逐渐形成了一种工业支持农业、城市反哺农村的新局面。

在党的十六大报告中，江泽民同志同样强调要着重解决“三农”问题。要实现城乡经济社会的和谐发展，必须改变农村居民的生活面貌，大力发展农村经济，提高农村居民的收入水平。鉴于城镇的发展既是社会主义建设过程中一个必经阶段，又是提高我国农村经济的一种必要手段。因此，江泽民同志指出应合理科学地规划并提高城镇化率，贯彻落实不同规模城市和小城镇联动协同的发展思路。这不仅有助于加强城乡之间的互联互通、促进城乡经济社会的协同发展，而且还有利于加速农业的现代化进程。在农村的建设问题上，一方面要运用科学的发展观，合理布局农村的基础设施建设，精心制定适用于农村发展的政策方针，保障农民自身的利益；另一方面则强调坚持深化改革，提升农村地区的经济发展活力，提高农民参与农业生产经营的积极性。

4. 城乡一体化思想

胡锦涛同志统筹城乡发展的思想同样注重解决“三农”问题，这也是全党工作的重点[41]。在 2003 年的中央农村工作会议上，胡锦涛同志希望通过实施城乡一体化的税收制度来完善农村经济体制，减缓城乡二元关系壁垒。此外，他还希望通过减少农业税来支持农业发展，同时增加对农业的公共财政支出并加强对社会主义新农村的建设。由此可增加农民的收入，提高农业的现代化建设水平，优化农户生产生活的基础环境，保障农户与城镇居民平等地享受基本公共服务。

胡锦涛同志在党的十七大报告中提出，要想有效解决“三农”问题，务必要加速农村的现代化建设进程，并构建“以工促农，以城带乡”的运行体系，以期实现城乡协同发展。在大力建设城市的同时，也应注重合理借助城市的正向空间溢出效应来助力农村发展，特别是通过城市工业的先进技术带领农村农业实现现代化发展。这种城乡关系发展模式需要政府政策的支持，促使工业的生产要素合理地流向农业。因此，应加大资金投入以有效支持农业发展，完善农村的基础设施建设和服务，改变农村的资源配置情况，进而增加农民的收入。胡锦涛同志在党的十八大报告中再次强调要将解决“三农”问题作为今后很长一段时间内的重点任务。与此同时，还应进一步优化城乡发展一体化运行机制，继续推动城乡公共服务与基础设施的共建共享，合理规划城乡布局，促进城乡之间要素的自由流动，从而有助于构建更为完善的城乡协同发展格局。

5. 城乡融合思想

以习近平同志为核心的党中央基于马克思主义城乡关系思想，坚持统筹城乡发展，并将其与社会主义现代化建设的纲领相结合，凝练出城乡融合发展理论[42]。

在 2015 年中央政治局第二十次集体学习中，习近平总书记强调要加快新农村建设工作的步伐，促进城乡协调发展，让老百姓过上富足的生活，真正地享受到小康社会带来的成果。此外，习近平总书记关于城乡一体化的重要论述表明，城镇化与新农村建设是我国城乡一体化发展的两个必要条件，两者相互支撑、相互促进，科学合理的规划是我国新农村建设的前提条件。

在党的十八届五中全会上，“创新、协调、绿色、开放、共享”的新发展理念为我国的城乡关系发展指明了道路。特别地，致力于打破城乡二元结构的城乡融合发展机制就是以这五大理念为核心进行构建的。该机制以保障生态文明红线为基础，通过积极引导城乡市场互联互通，合理优化配置城乡的各类要素资源，助力城乡一体化发展，并消除城市与乡村两极分化的现象，最终有利于实现城乡居民共建共享发展成果。

2017 年，党的十九大报告指出要推行乡村振兴战略，进一步完善城乡融合发展体制机制。促进城乡融合，理应加速城乡要素之间的融会贯通，而且城乡要素流动的畅通无阻也有助于深化要素市场的资源配置。增强并完善制度供给，特别是完善农村基本经营制度和确定农村土地承包关系，以保障农村集体权益不受侵害。应加强乡村振兴的人才支撑,通过建立健全人才引进机制来吸引更多的人才流入乡村。与此同时,还要积极拓展城乡之间的融资方式或者路径,缓解乡村缺少资金支持的困境。此外,在推进乡村振兴战略方面,需要营造一种人与自然和谐共生的发展格局,强调乡村绿色发展。

2018年,习近平总书记强调在完善农村工作方面,要坚持工业与农业一起抓、城市与乡村一起抓,同时持续推进"三农"工作,培养符合新时代新农村建设的人才队伍,完善与乡村振兴、城乡融合相关的制度体系建设,健全符合当前城乡实际发展情况的规章制度,并保障在城乡间执法的公平公正性,从而更好地实现城乡融合发展。

2.2 城乡融合发展的文献综述

2.2.1 城乡融合发展中存在的突出问题研究

我国城乡关系与经济社会发展的变迁密切相关。随着经济社会向更高水平的发展迈进,尤其是自党的十九大提出要健全城乡融合发展体制机制以来,我国城乡融合发展水平不断提升。同时,现代农业发展进程也不断加快,农业劳动生产率不断提高,城乡二元经济呈现逐年改善的趋势[43]。然而,尽管城乡发展日渐趋于协调,但仍然存在明显的收入差距等问题。同时,乡村发展中存在一些明显的制度短板,城乡融合发展体制机制也仍然需要进一步健全。长期以来,城乡失衡问题一直困扰着我国经济社会的发展,并成为制约我国经济高质量发展的重要因素[44]。城乡融合发展存在的突出问题,可总结为以下七个方面。

一是城市偏向政策未根本改变。改革开放前,城市偏向(以"价格扭曲"为核心)是非均衡制度带来的结果;在改革开放后的转型过程中,城市偏向主要表现在公共领域。这会导致城乡收入差距扩大、农村人口向城镇迁移受阻、农村移民难以市民化、农村公共服务滞后以及农村产业"空心化"等一系列问题[45-47]。现阶段,我国的城乡资源配置,尤其是交通基础设施和市政设施在空间上的配置,不仅没有转变以城市为中心的布局,反而在大城市偏向和行政等级偏向上愈演愈烈[48]。

二是城乡二元分割制度尚未完全消除。城乡差异化管理的双重体制导致城乡之间存在户籍管理制度的分割,进而衍生出具有城乡二元属性的社会保障、税费、投资、教育及就业等方面的制度和政策。在当前阶段,这些问题仍然存在,例如农民进城仍然面临着户籍、就业、社会保障等多个方面的障碍。城乡二元分割体制对城乡融合发展的阻碍主要体现在城乡居民身份上的巨大落差、居民发展权利的明显差距以及各类要素流动的显著不对等,特别是土地权益的不对等[49-50]。

三是城乡二元经济格局依旧存在。这种二元格局主要体现在城乡产业分割上。

特别是乡村产业体系不够健全，生产经营和组织体系不够完善，产业链较短、附加值低、竞争力弱。特别地，产业链组织化和一体化程度不高，最终会表现为农民参与生产经营和分享收益的机制不顺畅，导致乡村产业发展与城市产业发展的差距越来越大[51-52]。

四是城乡要素配置存在严重失衡的问题。近年来，尽管农业规模经济和要素回报率有所提高，城镇要素也呈现出向农村流动的新趋势，但整体上看，城乡要素流动不畅、不充分的问题仍未完全得到解决。特别是城乡二元户籍壁垒尚未根本消除，统一的建设用地市场也未建立起来。此外，城乡金融资源配置严重失衡，人才、土地、资金等要素更多地流向城市，导致农村发展缺乏必要的资源要素支持。同时，城市的人才入乡、工商资本入乡、科技入乡和金融入乡也存在制度障碍[53-55]。

五是城乡间公共产品供给差异明显。根植于财政支持的城市本位倾向使得城乡公共产品的供给差距过大，其主要表现为农村地区的基础设施建设水平严重滞后于农村产业的发展需要、基本公共服务保障难以满足农村居民自身的生活需要，这也是城乡发展失衡的又一重要表现[56-57]。

六是城乡社会治理二元特征明显。改革开放以来，我国的社会治理水平总体上取得了长足发展。然而，长期以来，我们将社会治理区分为城市治理和乡村治理，并在城乡社会治理中实行不同的制度。在由“乡土中国”向“城乡中国”的转变过程中，乡村作为国家社会治理体系的基础地位逐渐被城市所取代，导致城乡社会治理缺乏关联，这也与实现国家治理现代化的目标差距较大[58-60]。

七是城乡生态保护和环境治理方面的协同性不够。一方面，农村环卫设施建设滞后，生活垃圾和污水处理率低，化肥、农药的大量使用导致农村环境污染长期得不到有效治理；另一方面，因监管不力而造成城市污染物不断向农村地区排放。此外，一些地区在进行开发区建设的过程中，由于环保标准低而对周边农村地区的环境造成了污染。以上都进一步加剧了农村环境的污染程度[44,61]。

2.2.2 影响城乡融合发展的主要因素研究

第一，从要素流动视角来看，城乡融合是一种将城乡之间的不同资源要素进行交叉组合与互动的有机过程，促进城乡要素的自由流动则是实现城乡融合发展的重要前提[62-63]。特别地，资源配置不合理主要涉及农业部门中“人”“地”等要素错配的问题[64]以及非农部门中“资本”等要素错配的问题[66]。这些要素的错配不仅导致了“农村空心化”“农业边缘化”“农民老龄化”等问题的出现，而且也严重制约了我国二元经济结构的转型，从而阻碍了城乡融合发展水平的提高。

第二，从产业融合角度来看，我国农业存在的资本报酬递减、产业链短、附加值低以及供求结构失衡等一系列问题，无疑会导致农村产业缺乏竞争力，造成农村产业凋敝、城乡产业分割。因受到"城市—工业"导向的城乡产业发展思想影响，加之我国长期以来实施的重工业化战略和城市偏向的政策导向，使得这一现状"雪上加霜"[66]。在重工业化战略下，城乡产品价格"剪刀差"、偏向城镇工业投资政策以及城乡差别的管理体制等情况严重阻碍了农业产业化发展的进程。农村剩余价值过度转移导致了我国乡村产业发展与城市产业发展的隔离与分化，进而加大了城乡产业发展差异[67-68]。

第三，从制度建设上来看，我国长期实施的城乡二元土地配置制度、户籍制度、公共服务与社会保障制度以及社会治理制度等，不仅导致过多的农村劳动力被限制在资源和工作机会有限的农村地区[47]，而且还降低了农村流动人口在城市的就业概率[69]，甚至还会抵消政府为缩小城乡收入差距而作的努力[57]。这既带来了效率上的损失，又导致了城乡收入差距的扩大。更为重要的是，城乡二元分割的制度体系还进一步导致了农村公共品的供给滞后[66,70]。这既使得乡村治理与城市缺乏必要的关联，又导致农村因沦为城市的"附庸"而难以共享工业化和城镇化带来的效益[50,59]。

2.2.3 推进城乡融合发展的具体策略和路径研究

现有文献主要从城乡统一规划、城乡产业融合、城乡要素融合、发挥县域经济纽带功能与城乡融合模式创新等方面提出针对城乡融合发展的策略、路径和措施[71-72]。

一是城乡统一规划是推进城乡融合发展的重要手段之一。为了推动城乡融合发展进程，一些学者建议以城乡统一规划为核心，推动建立统一的城乡空间规划体系，加强对空间用途的管制，统筹城乡发展空间，优化城乡空间布局，完善乡村发展布局[73]。

二是城乡产业融合是城乡融合发展的核心。产业融合是城乡融合发展的核心，而城乡产业协同发展平台则为要素融合提供了空间载体。同时，产业融合还为农村现代化发展提供了内生动力[74]。为推动城乡产业融合，可以运用城市的资金、技术和管理经验等资源培育涉农新产业和新业态，如休闲农业、乡村旅游和农村电商等。通过此类举措，可以助推农业现代化产业体系的建立，进而促进农业现代化的发展[75]。

三是县域经济发展在城乡融合中起着关键的连接作用。县城及城镇扮演着连接城乡的重要纽带角色，从而使得周边城乡要素流动频繁、产业发展互相支撑、工业和农业相互促进的效果明显[71]。王春光[76]和李金铮[77]指出，在推进城乡融合发展过程中，应以县域经济发展为关键纽带，促进农村要素向城镇集聚，同时提升中小城市周边地区的发展能力，推动其做大做强。

四是要素市场化配置是城乡融合发展的重要突破口。当前我国要素市场化程度较低[78]，在推进城乡融合发展过程中，应以推动劳动力、土地、资金、技术等要素市场化配置为重点，促进要素在城乡之间的自主、有序与高效流动，提高要素配置效率，加快城乡融合发展速度[79]。具体来讲，为促进城乡要素市场化配置，采取的政策措施包括健全农业转移人口市民化制度、建立城市人才与工商资本入乡激励政策、完善乡村金融服务体系、优化农村承包地制度、稳慎改革农村宅基地制度、建立集体经营性建设用地入市制度以及健全财政投入保障制度等[55,80]。

五是城乡融合模式创新是城乡融合发展的动力之源。现有文献对城乡产业融合模式进行了总结，主要包括特色小镇推动模式、产业发展带动模式、共享农庄发展模式以及城乡要素对接模式等[81]。应在总结现有城乡融合发展模式经验教训的基础之上，进一步提炼能够有效推进城乡融合发展的新模式。

2.3　城乡产业融合发展的文献综述

2.3.1　城乡产业融合的内涵

现有文献大都从产业链延伸、要素融合及优化配置、城乡产业互动等角度对城乡产业融合的内涵进行阐述。从理论上概括，城乡产业关系是一个从无关联的初始状态到高层次互动关系的动态演变过程[82]。城乡产业融合并不是将城市、乡村各自分立的一二三产业简单整合，而是农业与第二、第三产业相互渗透、相互交叉，最终融为一体并逐步形成新产业的动态发展过程[83-85]。余典范等认为在城乡融合过程中，受到创新、市场需求、企业间竞争合作以及政府宽松管制等方面的影响[86]，城乡要素重新组合配置使得产业的进入壁垒降低、城乡产业间的合作关系增强，从而促使农业产业链延伸、产业经营范围拓展、产业间的联系逐渐紧密[87-88]。特别地，日本的“六次产业化”、荷兰的“链战略行动计划”以及法国的“乡村复兴与重构”等都对城乡产业融合中现代化农业的发展地位给予了充分的重视[89]，这对我国城乡融合发展具有较好的借鉴作用。

总之，现有文献普遍认为，城乡产业融合发展，其核心便是依托农业这一基石，倡导发展农副产品深加工行业以及与之配套的服务行业（如农产品配送、休闲农业、乡村旅游等），也通过整合知识、技术、人才与资金等方式延伸农业生产链及价值链，以此实现农业的现代化升级。

2.3.2　城乡产业融合方式及制约因素研究

城乡产业融合的目的在于重塑新型城乡经济关系，促进乡村振兴和农业农村现代化。尽管政府部门和学界已经越来越重视农村农业在经济发展中的作用,但目前在城乡经济关系建构中还是偏重城市优先发展。

经典文献中往往将城乡经济关系看成是以城市为中心、先城市后乡村的一种联系,强调先发展城市后带动乡村地区的发展[31,37]。这种“城市—工业”导向的产业发展模式,使得分散化和多元化的乡村产业逐渐被城市工业所替代,随之带来的是水资源耗竭、土地面源污染、空气质量恶化及食品安全等问题,严重制约了农村产业的可持续发展。

为此,学者提出必须调整现有的城乡经济关系。Murata 构建了一个城乡相互依存的工业化模式,提出因农业生产中工业投入成本份额较低、工业品支出份额较低以及工业投入种类有限而导致农村经济陷入低发展水平的陷阱中。因此,应该更紧密地加强工农两部门的联系,特别是要在农业生产中增加工业品的使用比例[90]。Zhao 和 Wong 认为农业和工业在功能和空间上的划分不合理,导致中国农村经济的传统发展模式无法持续[91]。王志刚和于滨铜指出农业产业化联合体是农村一二三产业融合发展最前沿的组织创新形式,其通过契约分工、收益链接和要素流动能起到促进城乡产业融合和拓宽农民收入渠道的作用[92]。在传统二元体制的制约之下,农村社会呈现出封闭、稳定的特性。通过推进城乡产业深度融合,生态农业、文化创意产业及乡村旅游业得到了蓬勃发展,使得农村产业收益率大幅提高,进而吸引了更多的资本和人才流入农村。这些流入的资源既可以有效弥补农民在非农产业经营管理方面的不足,又能通过促进其进行实践学习而提高从产业融合发展中获取高收益的能力[93]。

对于导致我国城乡产业关系存在的问题及影响城乡产业融合的因素研究,现有文献主要从要素的边际报酬、生产方式、农业结构及制度建设等方面加以论述。

首先,部分学者认为土地报酬递减和边际劳动力生产率低下造成了农村产业衰败,严重制约了城乡产业的融合。其机制表现为:农业资本报酬递减导致农村产业缺乏自立性和竞争力,从而过度依赖国家财政补贴[94],阻碍了农村产业结构的优化升级。

其次,从经济生产方式上看,受小农经济生产方式和传统体制机制的束缚,农村产业面临的困境包括产业链较短、产品附加值较低且带动力不强、产业链的规范化与整合度不足、农民在农业生产过程中的参与度较低等。例如,郭庆海指出小农生产的农产品在营养、质量和安全上难以满足消费者更高的需求,从而成为农业生产链上较为脆弱的环节[95]。小农户“以需定供”的意识和能力不强,农业创新力、竞争力和生产效率不高,这些使得农业产业链特色不突出、产业同质化问题严重,导致农民难以分享到产业链升级带来的利益增值[96]。

再次,从农业结构性矛盾来看,农业现代化进程中所面临的问题包括资源浪费严重、设施及设备落后、组织化程度低下以及农产品供应与需求结构错位等多重困境。在此背景下，以互联网农业、智能农业和休闲农业为代表的新型产业正在逐步取代传统农业形态。然而，农村农产品电子商务发展相对滞后，由生产端直接销售给消费者的网络通道仍未完全打通，这些都严重制约了城乡产业的融合发展[97-98]。

最后，从制度建设上看，在“城市—工业”导向的发展模式下，重工业化战略和城市偏向的政策导向不断转移农业经济剩余以支持和发展工业，虽然这样可以较快建立较为完整的工业体系，但同时也会强化传统部门和现代部门分离的二元结构[99-100]。政府通过制定工农业产品价格“剪刀差”、侧重城镇国有部门工业投资的各种政策，将农业利润转化为城市工业积累[101]，间接导致了乡村产业在发展进程中背负了过重的负担。同时，由城乡差别管理的体制性原因引致的城乡分割的户籍管理制度，派生出了城乡二元的社会保障、财税、投资、就业等制度差异，致使我国乡村与城市的产业发展出现隔离和分化，城乡经济鸿沟日益加深。尽管国家提倡“工业反哺农业、城市带动乡村”并制定了相关方面的政策，但仍未能缓解城乡之间的不协调关系[96]。如果再考虑劳动生产率、科学技术水平、社会保障、医疗卫生、社会文化、教育以及基础设施建设等产业背景条件，城乡产业差距更难以用数字来衡量[51]。

2.3.3　促进城乡产业融合的体系构建及机制研究

以产业兴旺为重要指标来实现城乡产业深度融合，这需要高度重视乡村产业的高质量发展，并提升涉农产业自身的“造血”能力及发展活力。此外，完善城乡产业融合架构与机制也至关重要，这也有利于加速城乡产业的融合进程。为此，不少学者从体系和机制角度进行了思考。

在促进城乡产业融合的体系构建上，主要有以下三个方面的研究内容。

一是现代农业生产体系的构建。现代农业以现代技术为支撑，内涵和外延更为丰富，不再局限于传统种植业、养殖业等农业部门，而是包括生产资料工业、食品加工业等在内的第二产业以及交通运输业、技术和信息服务业等在内的第三产业，从而构建起了具有多功能、多层次的现代农业产业体系[102]。从学理上讲，以家庭承包经营为基础、统分结合的双层经营体制容易导致农业经营主体兼业化、低质化，而依赖农地流转形成的新型农业经营主体也会取代小农户。此外，其“非家庭经营”的特征不仅会导致小农户主体的生存环境恶化，压缩小农经济的发展空间，甚至还会出现效率风险、政治风险和社会风险等问题[103-104]。因此必须构建集约化、专业化、组织化与社会化相结合的新型农业经营体系[105]。

二是农业与二三产业融合的体系构建。现代化农业具有高度的产业融合性质，在农业与二三产业的融合过程中，应大力推动行业向价值链高附加值、结构深度优化、组织活跃度提升、产业高度融合以及空间布局一体化的趋势迈进。农业和农村经济的稳健发展是农村一二三产业融合的坚实基础，其核心在于通过深入开发第一产业以延伸产业链，从而带动第二、第三产业的开拓性发展。当前，我国农村一二三产业融合发展仍处于起步阶段，产业分隔明显，第一产业仍处于价值链底端[106]。在推动农村"三产"融合的过程中，亟须强化领先成长主体的培养，有条不紊地展开农村土地的流转，着力突破金融、人才与技术等资源方面的难题。

三是城乡产业协同体系的构建。周月书等指出规模农户加入农业产业链组织尤其是龙头企业带动型产业链组织，能够有效降低其因与正规金融机构之间信息不对称、合约实施机制不完善所导致的交易成本，进而提升农户信贷可得性[107]。考虑到我国产业发展水平差异很大，要实现农村一二三产业融合发展、乡村旅游等新产业和新业态为重要补充的城乡产业协同发展体系，还需要有若干类型的空间载体作为支撑，而城乡产业协同发展平台就是推动城乡要素跨界配置和产业有机融合的重要载体。通过政府出资并引入金融机构，依靠市场化运作方式设立城乡融合发展基金，引导社会资本重点培育一批国家城乡融合发展典型项目，可以形成示范带动效应[108]。

在促进城乡产业融合的机制研究上，主要包含以下三个方面。

一是构建农业与第二、第三产业融合发展机制。改变城市工业优先发展战略，通过制度安排使生产要素和社会资源流入农村，打破城乡产业二元分割格局。在保留各自特色的基础上，城乡产业发展可以通过空间上的功能延伸、分工与互补，逐渐实现由分工分业向农旅结合、农贸结合以及农文结合的转变[44,48,109]。近年来，许多学者发表了在农村地区发展旅游、文化和养老等产业的意见。例如，田强认为农旅融合是实现乡村振兴的重要途径[110]，乡村旅游不但能拉动农村就业、增加农户非农收入、缩小城乡收入差距，而且还起到了保护农村景观的功效[111-112]；付伟以浙江省偏远地区原料加工产业为例，发现城市产业可以通过原料加工的形式带动偏远地区的乡村产业发展，从而将乡村产业嵌入全球化生产链中，推动城乡融合发展[113]。在生产体系方面，相关学者认为可通过不断提升农业生产装备的机械化水平及农业科技水平，进而增进农业的内生发展动力[114-116]。也有学者从重构农业经营体系着眼，认为可以通过改变农业经营体制和经营方式来强化城乡产业间的融合发展关系[117]。

二是积极培育新型经营主体。大力培育农业产业化龙头企业，发挥龙头企业的引领带动作用；积极培育新型经营主体，推动农民专业合作社参与农业全产业链，形成稳定紧密的利益联结机制[118]。邓宏图等提出龙头企业和土地合作社向合作联社转化可以对冲专业化分工导致的成本增加问题，有助于实现土地和劳动力配置效率的最大化[119]。钱忠好和李友艺认为要选择合适的家庭农场经营者，并要重视家庭农场从业者的人力资本积累[118]。在加强职业培训的同时，还要保障家庭农场的土地经营权，健全农业社会化服务体系，加大对家庭农场发展的资金、政策等扶持力度。阮荣平等认为应努力提高新型农业经营主体的信息获取意识，拓展其信息获取渠道，进一步激活市场在信息资源配置过程中的作用[120]。万俊毅和欧晓明指出，在现有的制度、技术和市场等约束条件下，公司与农户缔结联盟成为农业产业化新型经营主体。在此情景下，公司与农户基于各自拥有要素的禀赋优势，在农业产业链上既分工又合作，可以获取任何一方单独经营所不能获得的合作剩余[121]。另外，在经营主体类型上，相较于公司从属型合作社，原生型合作社的合约治理程度较低，而公司主导型合作社的合约治理程度较高[122]。

三是创新经营机制。城乡产业融合能够打破过去兼业化、小规模分散化的农业经营形态，土地托管以其专业性的服务和规模化的经营成为主流方式。在此过程中，持续保障土地承包权、经营权标准不变，农民可以将生产环节的某些或所有部分，转交由专业合作社与土地托管公司之类的专业服务机构管理，从而有效调动起小农户与现代农业发展的衔接[123]。这是因为土地托管模式作为产业链纵向整合的策略，能够减少不确定性、降低交易成本、争取产业链整合收益，带动农户尤其是小农户生产方式的转变，促进乡村产业绿色发展[124-125]。受限于现行的农地产权制度，依赖土地规模经济的机械化转型面临困境，而以分工经济为依托的农机业务社会化外包服务则能有效突破个体农户经营限制，助推农机事业蓬勃发展。值得注意的是，在劳务需求门槛较低、具备明显规模效益且服务质量监管成本及交易成本较低的生产环节，农业生产外包较为普遍。然而，当涉及技术规范化程度低、时效性不佳、规模效益较弱及道德风险强度大等问题时，农户对生产外包服务的采纳度则相对较低[126]。此时，需要建立长期的专业服务网络来有效规避劳动监督成本高等问题[58]。另外，生产环节外包作为“卖方定价”市场，其通过资源配置与专业分工机制对农户福利进行改善的行为方式也会受到决策者的教育水平、家庭劳动力数量及种植面积的影响[127-128]。

2.3.4　城乡产业融合的实现路径研究

一是要以农业供给侧结构性改革为主导。通过整合乡村产业，使单一农业转变为具有多重功能的综合体，催生多种“农业+”行业形态的全面发展，进而延长农村产业链，增加农村产业附加值[129]。安同良等构建了工业反哺农业的机制，提出要加强企业层面的技术反哺和产业反哺[130]。针对农产品产销链接机制不健全的问题，有必要充分运用商业服务行业的优势，努力提高农产品在电商领域的普及程度，并积极促进农工贸一体化。

二是合理调整城乡产业布局。城乡产业融合不单指农业和工业的融合，而是农业、工业、服务业、信息业以及知识业这五大产业进行融合，并实现产业升级与经济融合发展的产业形态。特别地，城乡产业空间分布的不匹配也会造成地区经济发展差距增大[131]。过去,城乡间的产业转移主要依赖政府主导及行政命令而进行劳动力资源配置。然而,此类产业融合形式并不持久且经济效率较低,并且存在时间和空间上的不合理性,使得上游产业及其所需的劳动资源无法得到有效协调和有机结合[132]。因此,蔡昉等指出,城乡产业结构要和当地资源禀赋相吻合,并充分发挥市场的引导作用[133]。针对农业主要矛盾已由总量不足转变为结构性矛盾的现状,张军倡导运用科学发展观引领城乡产业协调发展,应遵循市场经济运行规律,充分彰显市场"无形之手"的基础功能,并根据产业发展情况有序推进城乡产业融合发展[134]。与此同时,政府"有形之手"应充分发挥其调控功能,通过适时调整产业政策,引导推动城乡产业融合进程。

三是要发挥"政府—居民—社会组织"三类主体的协同作用。首先,政府应在政策上对农村产业发展给予支持,扩大公共财政在农村的覆盖面和增加农村公共产品的供给以实现城市反哺农业和农村[97,135]。政府对农业进行补贴可以促进农民非农业就业、提高农村家庭收入[136]。其次,治理有效的乡村治理机制可以激发村民的能动性,提升资源要素的使用效率[58-60]。实际上,农村社区的成长、壮大、衰落乃至消亡都是农村与外部环境相互作用的结果,乡村经济多元化、市场导向制度的建立和强大的社会资本可以增强乡村的复原力,有助于建立可持续的乡村社区。值得注意的是,村干部、农民以及各类专家顾问在乡村建设中的重要作用不容忽视,他们在实施乡村振兴战略过程中扮演着重要角色。为了实现乡村振兴战略的规划,各个参与主体应通力合作,共同推进[137]。最后,社会组织的引入能够降低政府和居民的信息不对称程度,激发各主体的协同作用。例如,Bryan 指出,第三方机构的引入既可以减少信息不对称,又能够鼓励农户采用新技术来提高生产力[138]。

2.4 本章小结

国内外学者基于不同发展背景和发展阶段,提出了不同的城乡关系发展理论。针对理论溯源,首先,本章论述了马克思主义学者的城乡关系理论,相关学者主要包括马克思、恩格斯和列宁,具体思想可以概括为均衡城乡要素配置、以城哺乡、加强经济联盟建设以及运用先进技术促进城乡协调发展等;其次,本章概括了包括二元经济结构理论、不平衡增长理论以及核心—边缘理论在内的西方学者的城乡关系理论;最后,本章梳理了具有中国特色的城乡关系思想,如城乡均衡、城乡一体化以及城乡融合等思想。

关于城乡融合发展的文献,本章从现存问题、影响城乡融合发展的因素以及推进城乡融合发展的具体策略这三个方面进行了归纳梳理。城乡融合发展中的突出问题主要有城市偏向政策未根本改变、城乡二元经济格局依旧存在、城乡要素配置严重失衡等;影响因素则包含要素、产业、制度这几个方面;路径研究主要从城乡统一规划、城乡要素融合、发挥县域经济纽带功能与城乡融合模式创新等方面进行了探讨。

关于城乡产业融合发展的研究,首先,本章对城乡产业融合的内涵进行了梳理;其次,从要素的边际报酬、生产方式、农业结构及制度建设等方面总结了城乡产业融合发展的制约因素;再次,本章从推进农业与第二、第三产业融合发展,积极培育新型经营主体,以及创新经营机制这三个方面对城乡产业融合发展机制研究进行梳理;最后,本章通过文献梳理得出推动城乡产业融合需要坚持以农业供给侧结构性改革为主线、合理调整城乡产业布局并发挥“政府—居民—社会组织”这三类主体的协同作用。

第3章　我国城乡产业融合发展的现状及问题

城乡产业融合的关键和核心是“融合”，根本目的是促进农业高质量发展，实现农业农村现代化和乡村振兴。我国城乡产业融合发展经历了从萌芽到深化的阶段，当前，城乡产业融合已成为促进城乡融合发展、助力乡村振兴的破局之道。梳理城乡产业融合发展历程与阶段特征，并在此基础上总结城乡产业融合发展的现状及问题，对正确认识城乡产业融合的发展阶段、构建可参考可复制的城乡产业融合发展系统及体制机制具有重要意义。

3.1　城乡产业融合发展历程与阶段特征

结合农村产业发展核心政策和相关制度变化，我国城乡产业融合发展历程可分为两个时期和四个阶段。两个时期分别为改革开放前后，四个阶段分别为：1949—1977年——改革开放前以工农结合发展为导向的产业融合发展萌芽阶段；1978—1990年——以农工商联合为导向的产业融合探索阶段；1991—2014年——以农业产业化为导向的产业融合起步阶段；2015年至今——以城乡产业融合为导向的产业融合深化阶段。

3.1.1　萌芽阶段：工农结合发展

自中华人民共和国成立到改革开放之前的计划经济时期（1949—1977年）是农村一二三产业融合发展的萌芽阶段。

（1）发展历程

第一，城市重工业快速发展，农村工业发展缓慢，农村流通服务业发展停滞。为支持重工业发展，1953年伊始，我国便逐步落实了对农副产品实行低额收购、统购统销的商品流通策略。这样的战略布局对于工业品与农产品之间形成“剪刀差”形态的物价结构发挥了至关重要的作用。在该政策支持下，城市重工业发展取得了巨大进步，而农村工业则在以计划经济为主导的工业化进程中被边缘化，与农业相关的农产品加工业、流通业发展停滞，农村工商业的发展也受到长期抑制。

第二，受到工业和商业领域的大力支持，传统农业逐渐迈开了向水利化、机械化、优良品种化及适量增肥化等现代化方式转型的坚实步伐。中央政府很早就确立了农业在国民经济中的基础地位，并且认识到我国矛盾的基本面在农业，提出“农业为基础，工业为指导”“全国大办农业”等方针。这一阶段的农业生产条件有所改善，农用化工产品、机械、良种、水利等物资、设施的使用大幅提升了农地的产出水平。

第三，集体经济组织和国有经济组织主导农村经济发展。为尽快减轻贫富分化、摆脱贫困，满足社会主义工农业“赶超”发展的要求，互助组、农业合作社及人民公社相继成立。这些经济组织的成立既有利于农业为工业提供粮食和原料，保障大规模工业化所需要的资源、劳动力、资金、市场，又能够促使工业部门为农业提供涉农机械、化肥、车辆等生产、运输设施，最终有助于促进农业机械化等技术升级，并实现工农相互促进发展的局面。但与此同时，由于集体经济组织形式变化太快、管理过于集中、形式过于单一，加之其运行机制抹杀了市场主体利益的驱动力，农民群众因此失去了生产积极性，农业产业内部分工合作质量降低，最终致使农民的整体收入和生活质量降低，农村农业和非农产品的经销活力受到抑制。

（2）阶段特征

在计划经济体制的框架之中，我国实施重工业优先发展战略，萌芽阶段的一二三产业融合发展更多地表现为农业与工业以政府这只“看得见的手”为纽带进行结合。然而，工农结合生产的核心是工业部门，工业又主要分布在城镇地区，农村工业非常薄弱，加之农村服务业尚未发展，因此工农结合生产更多地由经济一般规律所决定。一方面，为保障国家工业化需要，农村农业生产的农产品资源大多被廉价地输入产业链下游的工业部门，从而推动了城市重工业建设。工业技术进步又反过来通过重工业产品在农业中的应用而不断对传统农业生产方式进行升级改造。另一方面，虽然这一阶段的农业生产和工业生产紧密关联，但是这种产业关联性是建立在垄断农产品流通的统购统销制度和严格的配给制度等一系列政府配置资源的强制手段之上的。在此背景之下，农业利润不断向工业转移，农业发展严重滞后于工业。加之农村经济长期受到抑制，农村非农产业被排除在工业化进程之外，农业产业链上下游环节之间的衔接由中央政府所主导。在此阶段，生产环节在农村，加工和后续环节主要在城市，产业主体主要涉及集体经济组织和国有经济组织等。在这一时期，农村产业发展的市场机制还未建立，农村地区缺少二三产业及其产业主体，因此还谈不上三次产业的融合发展。

3.1.2　探索阶段：农工商联合发展

改革开放以后，我国农村产业融合发展进入以农工商联合为导向的探索阶段。

1979年党的十一届四中全会明确要求"要积极试办农工商联合企业"，将农业"产加储销"相结合。实行综合经营性质的农工商联合发展策略意味着改革开放后我国农村一二三产业融合发展的新开端。基于此，1978—1990年成为我国城乡融合发展的探索阶段。

（1）发展历程

第一，以农产品购销体制渐进式改革推动农村商业发展，农产品市场供销体系建立，农业与二三产业间的市场化协作通道逐渐顺畅。在农产品数量和种类方面，农产品购销体制经历了从减少粮食收购量、允许农民和社队对留存部分自行处理，到重要农产品实行统购统销，再到只对个别品种下达统购统销任务、全面实行合同订购与市场收购。与此同时，在农产品流通新渠道方面，20世纪80年代通过市场流通体制的构建和对供销社、信用社的制度改革，逐步建立了国营、合作及个体综合发展的农产品商业服务体系。在农产品价格方面，中央购销政策取向经历了从提高粮食收购价格、农民和社队可对存留的农产品进行合理定价，到"计划为主，市场为辅"的购销政策，再到农产品价格普遍实现市场化。自此，农产品价格机制也逐渐趋于完善。

第二，以乡镇企业为重点的二三产业逐渐崛起。改革开放后，农村走出了一条与城市趋同的发展道路，其非农化与工业化进程取得了很大进步，进一步打破了城乡一二三产业分割发展的格局。由于农村相对自由的制度管控，乡镇企业在农村异军突起，城市企事业单位的科技人才和管理人才向乡镇企业流动，出现了一定水平的一二三产业良性循环、城乡双向互动的新局面。1983—1985年，中央政府相继提出农村地区应进行"农工商综合经营"，强调社队企业的经济主体地位，并提倡发展食品、饲料、建材、能源等小工业和小集镇服务业，加快农业产前产后生产服务社会化，推动工农均衡发展。80年代中后期，政策环境和经济环境逐渐改善，乡镇企业突破了经营主体、经营范围以及产业形态等方面的限制。除了政府产业政策的支持，这一时期乡镇企业的发展还得益于城乡刚性的人口管理政策、农产品产量的快速增加、农村体制改革的率先推进以及轻工产品的技术壁垒降低等客观原因。到90年代末，乡镇企业产值在农村经济中的比重已接近60%。但1996年之后，乡镇企业发展再次陷入困难，在与城市企业的竞争中，乡镇企业经营效率低下、产品质量低劣、易造成生态污染等负面影响逐渐凸显，吸纳人口就业的能力下降，逐渐在市场化浪潮中失去了产业竞争力。与此同时，刚性人口管理政策和就业政策逐渐破除，外出务工人员逐年增加，导致大量的人力资源流失，乡镇企业的发展动力减弱。

（2）阶段特征

在这一阶段，农村一二三产业发展转向市场调节，广大农民为适应市场需求而逐渐提高了生产积极性，农工商联合经营步入正轨，城乡分离发展局面有所改善。第一，农产品与市场初步对接，农村市场机制开始形成，农产品市场流通效率逐渐提高。

在以家庭联产承包责任制为核心的农村基本经营制度逐渐完善的基础上,统购统销机制的破除和农产品流通机制的形成推动了农产品由单纯的"生产出来的物品"向市场中可以相对自由交易的"商品"转化,农产品供给不足的状况明显改善,并为农业产业链的形成提供了基本条件。第二,农户独立自主开展农业生产经营,以乡镇企业为代表的农村二三产业展现出巨大的发展活力,突破了农村单一产业发展格局。农户与乡镇企业、农垦企业等市场主体达成订购合同,探索构建利益关联体,共获市场利润;农产品生产、加工、销售三大环节相对接,农村一二三产业之间初步形成了低水平联动发展的产业链结构。在这一阶段,受多重因素影响,除了农产品加工、销售服务等涉农二三产业外,农村还涌现出了一些以乡镇企业为经营主体的小工业,如建材业、小能源工业。这些小工业实际上与农业生产关联度较低,因此也不能称之为一二三产业融合发展。

3.1.3　起步阶段:农业产业化发展

经过 20 世纪 80 年代农村市场化的改革探索,到 90 年代初,农村改革初见成效,农业生产力得到有效提升。但是由于市场机制还不完善,农业产业发展面临巨大的挑战。1991 年中央政府提出"建立产供销、种养加、农工商联合体"的农业产业化发展路径。以此为标志,从 1991 年到 2014 年,我国处于以农业产业化为导向的城乡产业融合起步阶段。

(1) 发展历程

第一,贸工农一体化的农业产业化战略上升为国家农业农村现代化发展基本路径。20 世纪 90 年代,中央政府在农村产业政策、机构设置等方面,不断加强农业产业化、农产品加工业发展的制度与政策供给。1993 年,中央政府提出要"实行'种养加''贸工农'结合,开拓农村新兴产业,促进农林牧渔业与二三产业协调发展"。1996 年,农业部专门成立了农业产业化办公室,各省(自治区、直辖市)也都相继成立了农业产业化领导小组,以此引导和支持农业产业化工作。1997 年,国家经济贸易委员会等发布了《关于发展贸工农一体化的意见》,提出建立稳定的农工商关系,形成种养、加工、销售一条龙的产业链条,以合同化管理和资产联结的方式强化产业链各环节之间利益联结。

第二,龙头企业与合作社逐渐成为农业产业化发展的市场主体。进入 21 世纪,国际化和市场化给农业发展带来的潜在风险加大,市场竞争也更加激烈,农产品市场规模较小、农民增收徘徊甚至下降、城乡差距拉大等"三农"问题日益凸显,引发 21 世纪初中国规模最大的"民工潮"现象。基于农业农村发展状况的变化,中央政府提出"工业反哺农业、城市支持农村"的总方针,培育并评选农业产业化龙头企业,以此推动农业现代化的发展。除此之外,国家还制定了一系列政策推动农村二三产业发展,建立现代农业产业体系。在产业范围领域,2007年,中央政府将乡村旅游业、生物质产业、现代流通业纳入现代农业的发展范畴,强调开发农业的多元功能,支持有条件的地方发展设施农业和精细农业。2014年,中央政府进一步提出以文化创意和设计服务推动农业创意化和现代化发展,促进文创产业与农业之间的融合发展。在空间载体方面,支持以小城镇为中心,推动农产品产地初加工,支持粮食主产区农产品深加工,强调建立农业产业化示范基地和示范园区以促进优势产业集群的发展。

(2)阶段特征

第一,农业生产经营逐步走出单一市场空间的约束,以加工、销售带动农业生产的农业产业化经营方式形成,农村农产品生产加工业和旅游业等涉农二三产业不断发展。农民在不具备市场能力的情况下,以间接的、低水平利益联结的形式融入市场,解决了部分农产品初加工和销售的问题。随着农业产业化的深入推进,一些东部发达地区的农业与工商产业一体化程度逐渐提高,农村第一产业与二三产业之间的信息、资源互动等更加频繁。

第二,以龙头企业为核心的农业产业化经营主体延长了农业价值链,优化了农村土地、资本和劳动力等要素资源的市场化配置,为农村一二三产业持续稳定发展奠定了基础。借助龙头企业较强的整合能力,农业资源使用效能提高。以工商资本为支撑的龙头企业凭借相对较高的技术、管理、物资、市场等优势,逐渐取代乡镇企业成为农业产业化经营的主体。农民与企业的联结方式也由最初的"订单农业""公司+农户"的形式逐渐演化为"龙头企业+农户""龙头企业+中介组织+农户"等更复杂的形式。但是由于龙头企业在与农民的利益分配中追求短期自身利益最大化,而忽视了企业应有的社会责任和长远利益需求,导致和农户的利益融合度低,利益分配不均,农业产业链稳定性较差。

3.1.4 深化阶段:城乡产业融合发展

经过20多年的农业产业化发展实践,农业生产与市场对接水平逐渐提高。但是总体来看,我国农业生产环节长期以生物化肥等要素粗放投入为驱动力、以追求农产品产量为主要目标的发展方式的弊端逐渐显现,传统农业增值空间越来越小,再加上国内外环境条件的变化,国内农产品生产的成本快速攀升。基于此,2015年中央一号文件首先提出"推进农村一二三产业融合发展,开发农村二三产业增收空间,是增加农民综合收入,保持乡村收入差距持续缩小势头的重要措施"。此后,我国城乡产业融合发展进入深化阶段。

（1）发展历程

2016 年初，国务院办公厅出台了《关于推进农村一二三产业融合发展的指导意见》，从国家政策层面对农村产业融合的方式、主体、配套服务以及推进体制等方面作出了具体安排，强调形成一二三产业交叉融合的产业体系，打造农村发展新格局。从 2016 年至 2020 年中央一号文件及相关指导性政策来看，中央政府不断升级农村一二三产业融合发展的政策地位，将其列为乡村振兴的重要目标任务，并要求大幅增加农村产业融合发展增加值在经济中的比重。在产业覆盖范围方面，中央政府不断扩大产业融合发展所覆盖的产业面，着重发挥农村比较优势，从早期主要支持休闲旅游、农产品加工业发展，逐渐拓展到近年来出现的电商、共享农庄、创意农业等新兴知识密集型社会化产业，并侧重重构产业联结关系。在产业融合载体方面，从培育特色村镇、支持农产品主产区发展，转变为更加强调现代农业园区和产业强镇在产业融合中的重要地位。在产业融合主体方面，重点支持培育新型农业经营主体和农业服务主体，做到联农带农、富裕农民。在利益联结机制方面，强调通过保底分红、利润返还等多种形式，健全融合发展利益联结机制。作为支撑农村产业融合发展的配套政策，农业农村部先后同国家发展改革委、政策性银行联合出台了农村产业融合发展专项规划、融合发展试点示范方案、金融支持融合发展政策以及专项债券发行指南等具体举措。从一系列政策文件上来看，我国的产业融合发展已进入政策机遇期和窗口期，未来将成为促进社会主义现代化建设在农村实践的重要路径。

（2）阶段特征

第一，农民的现代经营意识和农村智能化生产条件逐渐提高，互联网平台企业、合作社等市场主体逐渐成熟，组织链结构更加完善，特别是农企联合的产业组织链转变为以多种市场主体为中枢的战略联盟式产业组织链和全产业链一体化组织链。在农村一二三产业融合发展中，不仅主体类型更加多元化，既包括传统的龙头企业，还包括新型农业经营主体、社会资本等，而且更强调新型农业经营主体的主导作用，各主体间的价值创造更加紧密、利益分配更加合理，更能够克服当前小农经营的困境，农民在产业组织链中积极性也逐渐提高。

第二，随着农村市场化和农村市场机制的充分发展和不断完善，城乡产业融合发展更加强调通过市场机制调节资源配置，实现价值链融合增值。城乡产业融合是要将二三产业生产方式与生产理念应用到农业中，调整农业生产结构，推动农业产业链功能拓展、组织创新，实现资本、技术和资源要素的跨界配置以及“农业+”的多业态发展。价值链通过优化重构促使所生产的融合产品更具有多样化特色，附加值更高，市场差异化竞争能力更强，从而使得产业链中既有物质形态的农产品，又有以农产品为载体的生活服务，以及以农业活动为基础的其他消费服务。

第三，在农村一二三产业融合发展深化阶段，更加强调农村空间的多元价值体现和空间载体功能。当前,农村产业融合要求坚持多业态、多模式的创新发展,发挥包括经济在内的生态、社会、文化等多元功能。强调市场导向和消费导向,深挖农村区域特色,注重将二三产业向重点乡镇等区域集中下沉,全面推动城乡全方位融合与大多数农村地区的经济繁荣。

3.2 城乡产业融合发展的现状

近年来,乡村振兴战略的实施使得乡村与城市被放在同等重要的位置,从而为新时代新发展注入了新的活力和巨大的推动力,这有助于重塑城乡关系并推动城乡经济共荣。在这个新的历史起点上,需要在高位求进的基础上寻求城乡产业的功能互补和系统融合,为率先实现农业农村现代化和开辟城乡融合发展的新局面打下坚实的基础。全国各地的经济发展水平不断提升,农村经济、文化环境和居民生活水平也在不同程度上得到提高,为城乡之间的产业融合奠定了良好的发展基础。

3.2.1 城乡产业融合发展的总体特征

第一,我国正逐渐建立起新的城乡产业分工格局,而产业分工则是促进产业融合的基石。随着城乡产业融合不断深化发展,原有的产业分工格局逐渐被打破,未来生产要素和生产力的布局将在城乡范围内统筹。鉴于城乡之间拥有不同的资源和产业优势,因此产业分工将更加细致和深入,产业也将逐步整合和重组。同时,随着城乡一体化和新型城镇化战略的实施,城乡之间的产业分工将从二元模式转变为三次产业、行业和地域之间的分工。这一转变将促进产业分工的内部化和精细化,同时也会逐渐消除城乡之间的产业分割界限。

第二,随着城乡融合发展的推进、政策体系的日益完善和市场经济架构的持续优化,企业的主体地位和市场的基础调节功能正逐渐得到强化。在城乡产业一体化进程中,政府所起到的预期作用将逐步降低,其介入方式也将从直接支持转向间接管理与营商环境优化。同时,为了增加投资和收益的可能性,在政府及产业政策的指导之下,企业将主动扩大其在城乡间进行生产运营的范畴,并寻求多样化经营合作方式。此外,在政府的宏观调控和制度的规范之下,市场机制将在城乡产业资源配置、结构调整、产业链发展及收益分配等关键领域提供坚实的基础调节作用。

第三,伴随着城乡一体化进程的推进,城乡产业融合逐渐从单个企业向整个行业扩展、从局部发展到全面推进、从分散到聚集、从相互渗透到整合重构,打破了城乡产业发展分割的局面,促进了新型劳动力分工、产业空间布局以及新的产业组织架构的形成,而产业集群与重组逐渐成为产业融合的主要方式。在此类发展趋势与内在需求的驱动下,城乡产业融合形式持续优化升级,逐渐从延伸型融合、互补型融合、联合型融合转向集群发展及重组融合。特别地,在部分发展较快的地区,比如珠江三角洲、长江三角洲和环渤海区域,服务业与制造业的产业聚集迅速发展,孕育了众多的产业集群,初步达成了产业融合的目标。

第四,城乡产业融合的发展路径主要涵盖以下三个方面。首先,实现农业、工业和服务业在农村地区的深度融合。伴随着现代化农业和农村地区非农产业的不断发展,农村地区三次产业间的互联互通日益增强、分工协作更加精细、合作关系更为密切,尤其是在现代化农业全产业链条——包括产前、产中到产后环节——的整合与拓展延伸方面,从而有助于形成有机而统一的产业体系,进而能够提高农村三次产业融合的发展水平。其次,促进农业与城镇第二、第三产业进行融合。为了满足现代农业发展的需求,城镇的第二、第三产业将利用其在资本、技术、人才等方面的优势,更深入地参与到农业生产的各个环节中,在从事涉农生产经营、扩大经营领域的同时,还注重提高农业现代化水平并完善现代农业产业经销体系。最后,加速城乡间二三产业的融合。城乡二三产业基于自身的优势与空间布局,致力于打破分隔发展、结构同构等传统产业发展格局,进行产业组织创新和要素重组,在融合发展的同时形成全新的城乡产业发展格局。以上三个方面的融合并不是独立发展的,而是密切相关并不断交叉渗透,最终可以逐渐表现出城乡产业整体融合发展的趋势。

第五,随着城乡产业融合发展的不断推进,产业重组、集群与创新发展都需要现代化新型信息技术来提供驱动力。特别地,在大力推动城乡融合发展的背景之下,各新型产业经营主体之间的竞争程度不断加深,这便潜在地提醒各主体既应注重提高自身的产业技术创新水平,又要充分利用物联网、大数据及人工智能等数字技术与网络平台,不断维持竞争优势并提高自身的核心竞争力。此外,近年来,我国持续增强对于科技创新和数字中国建设的重视程度,不仅在多地开展了创新型城市试点建设,而且还发布了许多与创新相关的政策和制度,并取得了一定成效,进而为充分发挥新型信息技术在城乡产业融合发展中的先导作用奠定了坚实的基础条件。

3.2.2　城乡产业融合发展的微观要素及制度特征

本节以长江三角洲的经济发达地区(江苏省宜兴市)、西部中心城市近郊区(四川省成都市郫都区)、东部农业产业化强市(山东省诸城市)以及华北平原地区县级市(山东省德州市陵城区、禹城市)这几个代表性地域为例,从相对微观的角度总结我国城乡产业融合过程中人才、资金等生产要素和相应的制度变化特征。

1. 城乡产业融合伴随着人才、土地、资金等要素的融合

（1）以人才要素推进城乡产业融合发展

随着新型城镇化的推进，农村剩余劳动力大量涌入城市，加之城乡与产业之间均存在着劳动力市场分割，这进一步促使农村劳动力向城市聚集，由此导致乡村产业发展缺乏所必需的人力资本。为了解决这一问题，案例县市区既制定了适用于农村劳动力和人才返乡的财政、金融等扶持政策，又构建了城镇人才入乡激励机制，旨在以此促进人才返乡就业、创业。

郫都区积极实施乡村振兴人才聚集工程，不断引导城区人口前往城市近郊区进行居住或者就业，这既舒缓了中心城区的人口密度，又在郊区发挥了人口的集聚效应，进而通过人才要素的城乡融合助力实现城乡产业融合。一方面，该区注重培养乡村人才，不仅成立了专门的乡村振兴培训学院，还开设了一系列培训课程或项目，如"千名青年农民技术培训计划"。另一方面，郫都区既积极动员城区人才下乡入乡，又公开招募各类具备社会公共服务能力且愿意服务乡村发展的各类人才，并为此类人才提供为期40年的宅基地使用权等福利保障。这些措施均旨在通过促进人才资源的共享和结构优化来推动城乡产业融合发展。

（2）以土地要素推进城乡产业融合发展

土地既是农业生产所必需的基本要素，又是农村产业融合发展的重要载体。案例县市区主要是在深化农村宅基地制度和农村集体经营性建设用地制度改革的基础上，积极创建并完善农村产权交易平台，重点促进城乡土地要素的自由流动，吸引民间资本，助力实现农村土地资源的优化配置和乡村产业振兴。

具体而言，宜兴市构建了全市农村集体经营性建设用地使用权租赁平台一级市场，完成了土地租赁挂牌交易的全流程线上操作。此外，该市还计划构建统一的农村集体经营性建设用地使用权转让二级市场，并致力于完善建设用地出让的运作模式。2020年，在经过充分评估后，和桥镇的一块集体建设用地通过省级交易平台公开挂牌出让。这片土地被明确规定为工业用地，旨在为促进当地专业设备制造业的发展提供支持。作为宜兴市首次以公开挂牌方式出让的集体建设用地案例，这不仅为和桥镇带来了新的发展机遇，而且也为苏南地区建立城乡统一的建设用地交易市场、保障农村集体土地财产权益提供了有益借鉴。

（3）以资金要素推进城乡产业融合发展

乡村产业振兴离不开资金的大量投入，然而农业本身具有弱质性、低回报率和高风险等特点，这与金融资本追求利益最大化的目标存在矛盾。这便导致新型农业经营主体难以获得金融支持，农村金融市场也存在着市场失灵问题，从而限制了乡村产业的发展。为了应对这一挑战，案例县市区采取了多种策略来促进资金在乡村的集

聚。一方面,加强与金融机构的合作,促使其提供多样化的金融产品和服务,同时积极引导社会资本向乡村产业领域投资;另一方面,建立健全财政投入保障机制,确保资金的稳定和可持续性。

为了确保农民的农村宅基地使用权和房屋财产权依法得到保障,德州禹城市积极探索推进农民宅基地抵押和担保权能的实现形式,并逐步实施宅基地抵押贷款试点,进一步赋予农民更多的财产权利。为此,禹城市不仅制定了农村宅基地的基准地价,而且还探索了实现宅基地权益的方式和途径。除此之外,该市还鼓励采用村集体经济组织的担保、多户联保等方式,激活农民的农房资产,以保障抵押权人的合法权益。

诸城市持续完善返乡人员进行创业所需的金融服务,重点运用创业投资类基金引导社会资本增强对人才返乡创业的初创期及中期的扶持力度,以实现为当地乡村产业振兴提供大量资金支持的目的。

2. 城乡产业融合伴随着户籍、土地等制度的变革

(1)以户籍制度改革推进城乡产业融合发展

户籍制度改革对推进城乡产业融合的作用主要体现在以下几个方面。首先,户籍制度改革放宽了城市落户条件,使得农村人口能够更为便利地流入城市,并享受与城市居民相近的公共服务和社会保障待遇。这有助于解决城市劳动力短缺问题,为城市产业提供了更多的劳动力资源。其次,户籍制度改革使得农村人口可以更自由地选择城市进行就业,促进了农村劳动力向城市产业转移。这有助于农村人口提高就业概率和收入水平,同时满足了城市产业发展对劳动力的需求。再次,户籍制度改革也鼓励了农村人口返乡创业和发展乡村产业,推动农村经济的多元化和现代化发展。通过引导农民参与农产品加工、农村电商等新业态发展,促进农村产业与城市产业的有机衔接,提高农产品的附加值和市场竞争力。最后,户籍制度改革通过放宽农村土地流转制度,鼓励农民将土地流转给城市企业或合作社进行现代农业生产。这有助于提高土地利用效率和农产品质量,优化资源配置,推动农村产业与城市产业的融合发展。

现阶段,推进户籍制度改革并实行城乡统一的人口管理体系,是促进城乡人口、要素和产业融合的必要保障。鉴于此,诸城市探索建立新型城乡统一管理的人口制度,全面放宽落户限制,并构建以"政策性落户为主体,引进人才落户为有效补充"的落户政策,推进人口一体化管理,实行政府、企业、社区三位一体的流动人口管理体系。

(2)以深化宅基地制度改革、农村集体经营性建设用地制度改革推进城乡产业融合发展

德州市陵城区以人口密度较高和商业发展基础较好的糜镇为试点推行农民社区

建设。一方面，将农村宅基地和建设用地置换成城镇建设用地，拆迁村庄并新建农民社区；另一方面，将拆迁复垦的土地进行流转，所得收入全部用于“农转居”的各项生活费用补贴，以减轻农民的经济负担。农民集中居住不仅催生出了适用于社区服务的第三产业，而且还有效提高了“农转居”个体的非农就业概率。此外，鉴于“农转居”置换出大量闲置农村建设用地，从而吸引了外来企业和回乡创业人员前来投资建厂，现已陆续建成了纺织厂、服装加工厂、电动车加工厂等多家劳动密集型企业，从而为转居农民有效提供了工作岗位，也为乡村产业振兴提供了大量土地和人才支持。

在农村集体经营性建设用地制度改革上，德州禹城市以盘活土地资源、解决项目用地难题为目标，采取了一系列措施。禹城市伦镇将旧工业园区内的产能落后企业和“僵尸企业”作为改革的突破口，依法入市，从而成功激活了长期闲置的九百余亩土地。通过这种“腾笼换鸟”的方式，禹城市有效盘活了土地资源，成功吸引了济南等地的企业迁入。由此，伦镇重新建立了创新创业园，实现了4 000多人的安置就业，吸引返乡人员在该园区成功创办了20多家企业，使其成为农民创新创业和就业的重要平台。特别地，所有落户创新创业园的项目用地都是通过农地入市获取的，同地同权，使用期限50年，而且入园的企业可凭借不动产证书获得银行授信的1.2亿元发展贷款。总之，通过推进集体经营性建设用地改革，打造城乡一体的产业园区，禹城市在实现城乡产业融合与农村产业振兴的道路上越走越好。

3. 依托城乡产业融合综合区位优势进行产业布局

案例中的县市区通过建立健全统一的城乡规划制度体系，优化协调了市县在农田维护、生态涵养、城镇扩张等方面的空间规划。通过构建城乡产业共同发展的平台，推动了城乡资源要素跨领域的整合配置，促进了城乡产业之间的有效结合。

诸城市积极创建城乡产业协同发展平台，将现代化农业作为发展基础，侧重培育肉鸡、生猪、板栗、粮油及蔬菜等特色主导产业。与此同时，诸城市将国家农村产业融合发展示范园作为重要载体，注重培育多样化的新型经营主体并提高其带动能力。此外，该市还不断加强工业园区的创建，并且充分发挥现代化龙头涉农企业的扩散效应，以此推动全市乡村产业的蓬勃发展。

郫都区充分利用成都市的近郊区在地理区位上的优势，将“多规合一”政策与城乡产业规划统筹进行有效结合。一方面，遵循“产城融合、镇村联动、产村相融、文旅互促”的思路，完善全域旅游及道路交通规划，并积极优化生产、生活与生态空间，提高区域空间的多功能性；另一方面，根据1个主城区、5个示范走廊、5个产业功能区及8个特色小镇的城乡建设思路进行产业上的统一协整规划。特别地，该区还通过传统文化元素挖掘和特色文化创意植入等方式对城乡景观及建筑风貌进行管控，这样既能够彰显乡愁美学和文化特色，又能够以多元消费场景营造、发挥生态产业价值。

4. 城乡产业融合以提升乡村产业发展质量为基础

宜兴市对推动现代化农业进行了探索尝试。首先，以市内发达区域为示范，积极推动优质稻米产业又好又快发展，创建并完善了从生产、加工到销售为一体的农业全产业链，并支持以稻米全产业链为中心向关联产业进行扩散。这不仅有助于增加农产品附加值，而且还有利于推动科技成果快速转化落地，从而以高效化的方式对传统农业进行升级改造。以杨巷大米产业化联合体为例，从种植端来看，其不仅与江苏省农科院合作研发食味与功能性营养价值俱全的品种，而且还和南京农业大学等科研院所合作创建农业科技服务中心，从而有助于发挥农业技术研发与转化、农产品质量检测以及农业大数据收集处理等方面的实用价值。从加工端来看，宜兴市全力构建并完善优质大米生产线，并与江南大学合作研发了营养与功能俱全的大米。从销售端来看，该市注重打造品牌效应，组建专业化的营销团队，自建了电商销售平台。基于此，传统农产品的科技含量不断提高，从而以城乡一体化的产业链成功带动了城乡产业融合发展。

郫都区充分利用成都市的人才吸引优势，通过与电子科技大学、四川大学和四川农业大学等科研院所展开合作，共同尝试川菜及调味品等产品的研发工作，并成功推出了豆瓣牛肉酱、韭菜酒等系列产品。与此同时，有效利用郫都区拥有的19所高校和100余家科研单位，共同研发出了86个涵盖蔬菜种植、病虫害防治等领域的新品种与新技术，制定了4项有机蔬菜生产技术规程，并发布了4项地方生产技术标准。此外，郫都区还积极提高了主要农作物种植的全程机械化水平，建设了7个农产品出口备案基地，推动了绿色有机种植生产技术在该区域的广泛应用，实现了韭黄、生菜及圆根萝卜等6类产品的全部出口创汇。综合而言，郫都区的农业发展主要聚焦于满足成都市农产品的有效供给上，属于典型的都市型农业发展模式，并在城乡产业融合方面占据领先地位。

3.3 城乡产业融合发展面临的问题和困难

第一，尽管农业的基本职能已得到满足，但鉴于我国庞大的人口基数，农产品特别是粮食的需求与国家的粮食安全及经济稳定紧密相连，确保粮食安全和重要农产品的供应无疑成为至关重要的民生问题。然而，受制于地理因素，我国农业产业的空间分布不够均衡，部分地区的粮食产量始终无法得到显著提升。尤其是随着我国城镇化的快速发展，农业赖以生存的土地被转化为工业用地，进一步挤压了部分地区的农业生态空间。此外，在产品市场上，工业化的发展降低了农产品的相对收益，使得农民务农的收益愈发单薄。我国许多重要农产品的供应保障能力不断下降，只能依靠进口，这对我国的粮食安全产生了不利影响。与此同时，随着农业多功能性和乡村多重价值在推动现代农业发展进程中起着越来越重要的作用，如何有效地处理好传统农业生产功能和其他多功能属性之间的资源配置问题、实现增产增效的有机统一、形成两者并行不悖的发展格局，成为我国农业可持续发展进程中亟待破解的一个重大难题。

第二，城市与农村产业发展的差距仍然明显，且该问题不可被忽视。一是城乡产业衔接面临着结构性不平衡的问题。过去较长一段时间我国都以“优先发展城市，城市服务农村”为发展理念，使得乡村产业的发展潜能受到制约，往往只能以城市居民的消费需求来决定农产品的生产供给，这便进一步导致城乡产业地位的不平等，尤其是城市产业对农村产业的扶持缺乏内在动力。二是我国农业功能区、特色镇（街区）、特色小镇和现代农业园区等城乡产业融合平台和载体的建设仍处于起步或是成长阶段，运营模式较为趋同且市场化程度不足，产业集聚和要素集成能力不强。三是乡村多元产业和业态之间缺乏协同性。尽管近年来，我国乡村地区一二三产业发展势头强劲，但乡村产业的各经济主体，如企业、合作社、小农户等难以有效地构建起利益同盟和产业协作关系。农业产业链内部生产、加工、营销等不同环节之间缺乏深度协作，农业产业与关联产业之间难以互融互通，乡村的重大功能和重要价值难以充分发挥，从而无法为城乡融合发展和乡村振兴提供足够的基础。

第三，乡村产业资源要素的有效利用程度尚待提高。一是要素流动存在着明显的边界效应。由于城市与乡村两个空间具有权利不对等性，城乡要素平等置换依然存在着明显壁垒，乡村大量人才及资本技术等要素倾向于流向城市，导致乡村产业发展受阻。二是农村土地集体产权结构开放性不足。即使各类创新要素能够流入乡村地区，但是在多数情况下，又难以实现与土地资源的密切结合，从而抑制了产业的落地生根。同时，集体经济组织“资源变资产、资金变股金、农民变股东”的实现难度大，也对城乡产业融合发展的落地性、持续性和有效性带来了严峻挑战。三是对于乡村内部资源潜势挖掘不足。我国多数乡村产业发展主要将宅基地作为依托载体，而生态环境、知识产权及文化遗产等要素潜力未能有效发挥，难以形成产业高质量融合之势。四是城乡要素置换缺乏有效的中介平台。现阶段，城乡要素所有者进行对接时，不仅缺少完善的、可以促进城镇要素下乡的中介平台，而且还缺少能够保障农民利益的组织结构，使得城乡之间难以平等地创建出要素合理配置的体制机制。

第四，城乡间产业政策不统一且难以互联互通。从政策层面来看，现阶段，我国城乡产业之间可能存在政策“各自为政”的情况。一方面，我国农业政策大多集中在农业生产领域，而针对农业产业链和价值链提升的政策规范相对较少；另一方面，我国农村产业政策的动态调整速度滞后于新产业、新业态、新模式的出现与扩散速度。换句话说，农村产业很难主动进入市场并参与市场竞争。此外，我国农村产业政策在具体执行过程中可能存在“一刀切”的现象。例如，“土地红线”和“生态红线”是农业发展必须坚守的发展底线，但政策边界的过度严控也限制了乡村产业提升发展的空间，特别是产业发展所需的建设用地指标难以获取，一些具有规模性的乡村产业重大项目难以落地。最后，我国大多数地区生态产品价值的考评机制不够完善，对于新兴产业的过度依赖也在一定程度上导致乡村生态环境遭到破坏，从而抑制了乡村绿色生态资源价值的有效发挥。

3.4　本章小结

城乡产业融合发展是协同推进城市和农村产业发展、缩小城乡发展差距的重要渠道。近年来，伴随着现代信息技术的快速发展和相关政策的不断推进，我国城乡产业融合发展取得了重大进展。

从总体上看，我国城乡产业融合现状存在以下特征：① 城乡之间产业分工的界限已不再分明，城乡产业之间的壁垒逐渐被打破，城乡产业融合互促发展的新趋势愈加明显；② 在政府有效的宏观调控和政策规范之下，市场因素正逐渐成为加速城乡要素流动、推动城乡产业链对接的新的动力；③ 我国城乡产业融合发展的形式逐渐完善，农村内部三次产业融合，城镇二三产业和农业融合，城乡二三产业融合等均是城乡产业融合的主要形式；④ 科技创新在城乡产业融合发展中的重要性和先导作用日益明显。尤其是随着信息化技术和数字技术的发展，产业发展互联互通的渠道更为畅通，从而有利于打破产业壁垒，加速实现城乡产业融合中新产业、新业态和新模式的发展。

本章以江苏省宜兴市、四川省成都市郫都区、东部农业产业化强市（山东省诸城市）以及华北平原地区县域城市（山东省德州市陵城区、禹城市）这几个代表性地域为例，从相对微观的角度分析了我国城乡产业融合过程中的人才、资金等生产要素以及相关制度的变化特征，即城乡产业融合需要伴随着人才、土地、资金等要素的融合、土地与户籍制度的变革并结合区位优势进行产业布局。特别地，还必须以提升乡村产业发展质量为基础。

尽管我国城乡产业融合已取得一些进展，但依然面临一些新的问题及困难：一是传统农业的生产性功能趋于弱化；二是城乡产业发展差距依然较为明显；三是乡村产业资源要素活力难以有效释放；四是城乡间产业政策不统一且难以互联互通。因此，如何结合城乡产业融合的发展阶段及特征来有效解决以上问题，这对促进城乡融合发展、提升我国经济发展质量具有重要意义。

第4章　城乡产业融合发展的理论机理

实现农村三次产业融合是农业转型升级的根本选择,也是实现城乡产业融合的基础。城乡产业融合发展是一个连续的过程,相关概念、理论与政策的提出不是一蹴而就的,而是与中华人民共和国成立70多年以来农业农村发展实践、一二三产业互动关系演进密切相关。本章首先探讨了城乡产业融合的理论基础,其次对农村产业融合、城乡同次产业融合和城乡三产融合等典型城乡产业融合模式的经济效应进行理论分析,有助于为城乡产业融合的系统及机制构建奠定基础。

4.1　城乡产业融合发展的理论基础

1. 产业结构理论

配第-克拉克定理认为从事制造业的利润要远高于农业,而且参与商业经营要比制造业生产获取到的收入更多[139],这初步展示了不同产业收入差异的规律。进一步,科林·克拉克根据三次产业分类,收集了几个国家的劳动力在三次产业中流动的数据,并得出以下结论:在经济增长的宏观背景之下,各行业之间显现出了相对收入差距,而且劳动力会自发流向高收入行业,即从农业转移到工业。随着人均收入的继续增长,劳动力将会转移至第三产业中。于是,从事第一产业的劳动力比例会越来越低,而第二、第三产业的劳动力数量则会越来越多[140]。

此外,库兹涅茨通过实证分析各国的统计数据,得出经济增长与产业结构转型升级之间具有因果关系的结论。在他看来,在经济发展过程中,第一产业占比会逐渐降低,第二产业增加值会不断增加,而第三产业占GDP的比重则会增加或维持不变,从而最终表现为"三、二、一"或"二、三、一"的产业发展格局。同时,在这一过程中,从事农业生产的劳动力占比会不断降低,而从事工业生产的劳动力比重或增加或维持不变,但第三产业的从业人数会明显增加,从而展现出对劳动力的强吸引力[141]。特别地,投入-产出理论[142]及美国经济学家钱纳里创建的经济增长过程中经济结构变化的"标准模式"和"发展模式"等[143],都揭示了类似的产业结构演变的发展规律。

2. 产业组织理论

产业组织理论是一种反映市场结构、行为与绩效等产业组织内在规律的应用经济学理论。其中的学理思想主要起源于“看不见的手”这一市场运行机制假说,即在完全竞争的市场条件下,要素资源依托于均衡价格进行流动,无须任何政府干预市场的行为,资源也能实现最优的配置[27]。20 世纪 70 年代以后,博弈论、交易与合约等理论与方法均被有效地融入其中,促使产业组织理论不断得到深化与拓展。新产业组织理论的研究不再局限于传统产业经济学 SCP 研究范式,即研究“结构-行为-绩效”之间的相关性问题,而是从“结构主义”转向“行为主义”。而且,其研究逻辑也由传统的单向、静态研究转向双向与动态研究,并将研究内容扩充至市场结构及行为、企业内部的产权结构与组织结构、行为不确定性与不完全信息及公共政策含义等方面。1990 年以后,一些学者又将双边市场理论、企业边界、新规制理论等纳入研究范围,并认为产权制度和市场结构也是影响企业行为的重要因素。当前,我国的产业组织涉及合作社、龙头企业和家庭农场等,城乡产业融合发展自然也离不开此类产业组织的支撑作用。现阶段,我国城乡融合发展过程中存在组织化程度低、组织的利益联结不紧密以及交易费用较高等问题,产业组织理论则从产权与交易制度等角度出发为农业产业组织之间构建利益、激励与共享机制以及降低交易费用等产生了重要作用。

3. 产业链延伸理论

理论上讲,虽然产业链延伸是在产业结构调整之后进行的、旨在提升产品附加值的行为,但这两者并非独立存在的,而是具有协同共生的关系。从农业角度来看,初级农产品的价格较低,而农产品的精深加工就是为了提升其价值,从而促进农业产业链的形成。从工业品角度来看,特别是重工业产品,其工艺可分性比较强,工业产品的不同部件可分别由不同企业生产,围绕同一产品可衍生出一个产业集群,从而使产业链得以延伸。在农业产业链的不断延伸下,由农业向加工业提供生产原料,而加工出来的产品进入商品服务市场进行售卖,初步塑造了农工商一体化、产加销一条龙的产业形态,这也是一二三产业融合的最初形态,这种产业链延伸形式也被称为农业产业化。目前,三产融合的最重要形式仍然是农业产业链的延伸,且其更重视新兴技术等要素在产业发展各阶段的使用。同时,其还注重为涉农生产性服务业进行专业服务支持,具体则是以一产为中心,通过二产促进一产联结三产或通过三产促进一产联结二产。

4. 产业融合理论

产业融合具体是指不同产业或同一产业内的不同行业进行渗透交叉,不断发展演化出新业态、新产品的动态过程。特别地，产业结构调整与产业链延伸并不是孤立地存在于一个特定的历史阶段，迄今为止两者依然在进行着，并衍生出不同的形态，这其实也是产业融合的一部分。在城镇地区，基于互联网发展而兴起的电子通信行业与传统纸媒行业已逐渐进行了有效融合，电子刊的出现就证实了这一点。现阶段，金融业、旅游业等第三产业加速与物流业、制造业等进行融合，逐渐转变为新时代新的经济增长引擎。同时，产业融合也逐渐模糊了城乡在地理等层面的边界感，这促使城乡产业发展不断呈现出既优势互补、又合作共赢，且兼具综合性与交叉性的产业发展格局。尤其是在2015年，中央第一次将推动农村产业融合的概念提出来之后，产业融合发展便成为一项可以推动农业"增量提质"的重大战略措施。自此，乡村的产业发展也逐渐从孤立走向一体化发展。也正是因为这类不断削弱城乡和产业发展边界的产业融合模式，才能有效地为全面统筹城乡融合发展奠定良好的发展基础。

4.2 农村产业融合的经济效应

4.2.1 农村产业融合模式

1. 农业产业链延伸融合模式

传统农业经营通常是将原始或者仅经过初级加工的农产品进行售卖，此种方式的利益链较短。从最原始的农户自产自销到逐渐出现买卖农产品的专职经销商，其中的销售环节也会损失大量利润。为了使农产品经营获得更高的附加值和利润，就需要促进农业与加工业的融合。随着信息技术、物流仓储运输的完善和农业生产者素质的提高，为追求利润最大化，新型农业经营主体又重新开展了新的自产自销的形式，其中的机理就是将资源进行延伸与共享，并通过服务业助力农业与工业进行融合，从而达到三次产业协同发展的目的[144]。

现阶段，最传统、最常见的农村产业融合模式就是以农产品加工业为代表的二次产业促进一次产业发展，并通过二次产业与三次产业相连的产业链延伸模式。所谓产业链延伸，其实际上是围绕农业生产进行的，将其与生产要素供给、产品经销等相关环节相结合，通过两端延伸、中间拓展等方式优化产业链，从而构建产销一体化的生产经营体系，并以此提高农产品附加值，使农民获得更多收入。

2. 新技术渗透融合模式

该模式是通过加速互联网通信、生物信息及新能源等新兴技术跨越其原有产业界限,并使之有效渗透至农业领域中的过程与机理。具体而言,此类新技术应用到农业产业及其他与之对应的功能上,不仅加速了农业领域的功能创新,助力构建了互联网农业、数字农业及农村电商等新业态,而且还显著提高了农业生产率,培育了农业优良品种,延伸了农产品价值链。此外,该模式还能有效拓展营销渠道并提升管理服务质量,从而降低中间环节的运营费用。

新技术渗透融合模式形成的本质是其他产业新技术的发展。这是因为该模式主要表现为其他产业对农业的影响和过程,即新技术跨越产业边界并应用于原有的产业链上,通过与原有产业进行融合创新而衍生出新的业态。特别地,新技术直接影响涉农产业的创新,其应用范围越广,带动力度越强。例如生物技术、遥感技术、航空技术,以及大数据、“互联网+”等信息技术也逐渐应用到农业产业中,而且新技术的应用还从供给端为三产融合提供了支撑[145]。

3. 农业功能拓展融合模式

基于农业发展的多功能性,农业功能拓展融合模式是利用农业的休闲、旅游等多种功能,并将其与其他产业进行组合,从而衍生出新产品、新业态,甚至可能与原有的农业产业形式产生交叉融合的一种模式。这种模式激发出了农业的多种功能,能最大限度地调动农业资源,为农业吸引资金投入找到了更多切入点,进而丰富了农业生产经营方式并促进农民有效就业。此外,该模式还能产生除经济利润以外的多种效益,不仅促使农业成为传承优秀文化和促进生态修复的载体,而且塑造了农业的崭新形象并提高了农业影响力[146]。

农业功能拓展融合的本质是农业的多种功能与非农产业相关要素相互发挥作用并同时得到发展,即将文化、生态、社会等功能应用到原有农业产业链或其他产业中。当经济社会发展到一定程度后,在三产融合中就形成了以乡村旅游、休闲农业等为代表的第三产业促进第一产业连接第二产业,进而促进功能拓展交叉融合的形态。

4. 农业内部融合模式

农业内部融合模式是在农业产业内部的子产业间建立联系,特别是将农业和畜牧业、水产业以及林业相结合,并遵循循环经济发展思路,完善农林畜牧业的生产经营结构,推动农业绿色发展[147]。其旨在通过合理布局并有效整合各类资源,建立上下游之间的联系,降低环境负载率,提高资源利用率,促进农业增效和价值链提升,实现“1+1>2”的效果。也许农业内部融合模式在利益联结上并不占据优势,但加快农业产业结构调整也是农村一二三产业融合的重要组成部分。也正是因为饲草粮三元种植、种养结合、农林复合经营等这种发生在农业内部子系统间的融合,反而不容易造成二三产业对农业增值的利益窃取，从而促使相关利益留在农业内部。

农业内部融合模式，最为典型的当数循环农业。循环农业实际上就是遵循减量化、再利用、资源化和废弃物零排放的原则，促使农业生产由传统要素的单向流动转型升级为资源要素以可再生的方式进行循环利用，从而有助于实现农业的可持续发展[148]。

4.2.2 农村产业融合的经济效应

1. 农村产业结构的优化效应

一方面，农村产业融合可以促进农村产业结构调整的协同化。一是就农业结构调整而言，无论是农林牧渔之间的结构调整或是各产业内部的品种结构调整，都需要考虑到与自身融合发展相关的加工业和服务业的需求。因为农业受其他产业发展的影响较大，所以农业应主动地去适应其他产业变动带来的影响和机遇。二是就加工业特别是农产品加工业结构调整而言，其对农业有着较强的牵动和影响力。因此，在加工业结构调整的过程中，更应去主动地引导和支持农业结构进行相应的调整。三是就农村服务业的结构调整而言，不仅需要对农业和加工业加以引导，而且也需要其主动适应农业和加工业结构调整的需求。

另一方面，农村三产融合也将促进农业产业结构的高级化发展。这是因为产业进行融合发展在客观上也要求农业产业链进行延伸，尤其是农产品加工产业链的延伸，这将使得农村加工业在整个农村经济中的占比得到提高。与此同时，随着农村产业融合的发展，农村服务业将衍生出大量新产品与新业态。这不仅提高了现代服务业在农村经济发展中的占比，而且也将推动农村产业结构优化调整的进程。

2. 农业多种功能的拓展效应

推进农村三次产业深度融合，与拓宽并丰富农业的多功能性密切相关。这是因为，农业功能发掘得越充分，越会催生更为多样化的产业新形态，也就会为产业融合找到更多的切入点。就挖掘农业的各项功能而言，首先需要以农业产品功能作为重点进行拓展，并将这种产品功能牵引到产业化的轨道，而产品功能则是经济功能的核心载体。此外，农业产业化经营延长了农村经营的产业链条，提高了对农产品的中间需求度，同时这种需求又进一步推动了农产品加工业的发展，因此这对提高农村经济整体效益的作用是明显的。

加快农村产业融合发展进程，其中一项核心工作就是要加强农业和加工业的融合。这种融合不仅仅是上下游生产环节上的原料需求融合，更重要的是农业生产经营主体和加工业生产主体的融合。这样一来,在农村产业融合发展过程中,既可以借助农业产业化经营模式来促使农业产业链延伸,提升农产品深加工的中间需求与农业经营的额外价值,又能够使农民分享农村一二三产业融合发展中农业产业化经营的利润回报,这也是推动农业产品功能产业化的主要目的。

3. 农村三产融合发展的区域效应

从城乡之间的关系来看,与城市相比,农村一般呈现出欠发达状态。如果参考梯度转移理论,那么农村永远是附属区域,也无法与城市同步发展。然而,助力农村三次产业融合为城乡产业融合发展奠定了基础,这不仅有利于城市产业直接向农村延伸,促使城市产业的技术直接融入农业产业的发展中,而且还将有力克服农村产业被动接受梯度转移的困境,使得农村产业获得与城市产业同步发展的条件和机会。这种城乡同步发展可以称之为农村产业发展的反梯度化。实现农村产业发展的反梯度化,只能随着农村产业融合发展延伸到城乡产业融合层面而逐步体现出来。

农村一二三产业的融合将不断催生出新业态与新模式。农村三产融合发展对农业多功能性的拓展,既为社会资本投资农业提供了更多的切入点,又为人才在农村发挥作用提供了足够大的平台,有助于留住大量生产要素资源。从留住资本的角度看,农村三产融合发展形成的投资切入点是与农业和农村的自然禀赋及其他优势条件结合在一起的,从而避免了其与城市市场的同质化。从留住人才的角度看,农村产业融合提供的多样化发展平台为各类人才提供了发展空间。因此,积极实施农村三产融合发展政策,不仅对乡村资源要素的积累有着重要作用,而且也是一种避免要素向极点过度流动而导致高、低梯度地区差距进一步扩大的举措。

4. 农民增收的促进效应

随着城乡三次产业融合的持续进行,拓宽农户的就业途径可从农业内部和外部这两个方面同时推进。从农业外部出发,随着农业生产经营的规模化与机械化发展,农村地区出现了大量的剩余劳动力。其中一部分劳动力并未选择在农业内部继续工作,而是顺应农业外部的市场需求,不断迁移至城镇地区从事制造业和服务业,由此丰富了农民的工资构成。以农业内部作为出发点,一方面是通过分工细化和扩大农业生产外延来挖掘农业多种功能、创造就业机会并实现农村增产增收。另一方面,在农村三产融合中,农业产业链在向二三产业延伸的同时也衍生出了一些新业态,如农村电商、物流仓储等,从而为大批农民带来了新的就业机会。此外,随着农村三产融合的发展,农业产业链的延伸促使农业内部产业结构进行调整,不仅推行了统一购置生产资料、统一提供农机服务及统一加工销售等方式,而且还通过规模种植养殖与标准生产降低了生产成本、提高了生产效益。

通过产业融合发展为农户提供就业机会,这不仅有助于降低隐性失业率,而且还有利于提高农民的经营性和工资性收入。特别地,综合运用资本入股、契约订单等利益联结方式助力城乡产业融合,还能够为农户带来再分配过程中的增值收益。

4.3 城乡三产融合模式的经济效应

4.3.1 城乡三次产业融合模式

1. 产庄融合模式

产庄融合的实质是产业融合与村庄发展进行有效结合,其既是村庄发展的要求,也是产业发展的需要,同时也是城乡产业融合发展的一种有效模式。

首先,产庄融合可以将农村的土地、劳动力等资源要素与城镇的产业、资本及先进的技术和管理经验进行较好的融合,这不仅有助于推动乡村休闲旅游业等涉农产业的迅速发展,而且还能有效推进农业供给侧结构性改革并实现涉农产业的转型升级。其次,产庄融合既能够有效促进农村用地等具有经营性质的集体资源参与到城乡产业融合的发展中来,又能为产业融合提供以下三方面的支持:一是土地流转支持;二是各种发展要素聚集支持;三是政策支持。最后,推动产庄融合发展,一方面有利于构建起农业产业园区以助力现代化农业发展;另一方面则有助于推动城镇地区丰厚的资本和先进技术与家庭农场、合作社等新型主体实现生产经营方面的融合,特别是可以重点发展具有规模与专业化的、包含种养和休闲观光于一体的田园综合体。此外,产庄融合还加速了"互联网+"农业的诞生和发展,这既拓展了农业发展空间,形成了新的农业发展模式和业态,又丰富了村庄产业内容,增加了农户的就业机会和收入。

2. 产城融合模式

产城融合是指都市产业与县域内小城镇产业之间所进行的融合发展。因为县域层面涉及的人口和土地等资源更为丰富,而且基于县域层面进行产城融合发展的可塑性更高、选择性更多、方法措施更丰富、战略意义更强。

一方面,产城融合是进行县域新型城镇化建设的必经之路。首先,生产要素倾向于流向具有发展优势的地区,由此产生极化效应并加速城市的形成。其次,伴随着城市经济的不断发展,部分城市产业因比较优势减弱而逐渐转移至郊区或者农村,加速推动了小城镇及乡村的发展。这实际上就是处在发展极的城市产业与周边小城镇和农村生产要素融合发展，从而助力“农村城镇化”的过程。

另一方面，产城融合也是提高县域工业化水平的必要路径。县域工业化发展离不开产业支持，而产城融合恰恰可以提供这种支持。以小城镇为依托的产城融合，可以聚集更多、更好的工业化发展资源和要素，形成更具竞争力的产业结构，壮大县域产业并发展新兴产业。更为重要的是，随着县域的交通和通信等基础设施建设的逐渐完善，阻碍城市产业向县域小城镇迁移的部分因素逐渐被消除。一些专业程度高且对城市依赖度弱的产业开始向县域小城镇迁移，从而推动了县域特色产业的发展，提升了县域工业化水平。

3. 产业链融合模式

产业链融合一般是指在同一条产业链的不同发展环节上实现城乡三次产业的融合发展。其中，最为典型的案例是将农业生产、加工、仓储及物流融为一体的农业全产业链。实际上，实现城乡产业融合发展需要具体落实在某产业的某个生产流程上，因此借助产业链融合能够为城乡产业融合提供更多的发展路径。此外，因为不同产业链上的企业会因分工协作而形成新的生产线，而这也为各产业在不同的生产流程上实现融合提供了可能。

产业链延伸主要起到了为城乡产业融合创造发展条件的作用，而不同产业链中的龙头企业等新型生产经营主体之间形成的协作关系才是推动城乡产业融合发展的基础。例如，将依附于农业生产链的种养业与文化产业链上的文创行业进行交叉渗透，这既直接加强了农业与文化产业之间的联系，促进了两种不同行业的深度融合，又衍生出了包含创意农业在内的新业态，从而有效提高了涉农产业的发展等级。此外，将归属于农业生产链的种养业与旅游业中的休闲、康养类行业进行融合重组，催生出了农业体验与观光旅游于一体的新型产业运营模式。总体而言，作为一种“不可逆”的产业发展趋势，产业链的纵向与横向延伸在城乡产业融合发展中起到了举足轻重的作用。

4. 互联网融合模式

虽然互联网的发展时间并不长，但其对经济社会正常运行所起到的作用是极其显著的。以“互联网+”为基础而创建的众多新型商业服务与运营模式，如跨国技术合作、线上科教文娱服务、互联网众筹等，不断加速了研发制造、网络直播等产品与业态的创新。特别地，将线上平台经济与线下实体经济进行融合，既重塑升级了传统的产业融合方式，又推动了线下产业或企业的集约发展。因此，以“互联网+”为代表的网络融合模式，其实就是城乡产业融合的最新表现形式，且其具有传统城乡产业融合模式不具有的优势。

一方面,“互联网+”有助于打破阻碍城乡产业融合发展的行业与体制机制等方面的壁垒。这是因为基于“互联网+”的产业融合模式的构建,是符合市场运行和产业发展规律的。例如,通过创建与互联网跨界融合相关的产业创新组织,进而助力“产、学、研、用”的协同创新体系的形成,最终有效推进了线下的城乡产业融合发展。

另一方面,“互联网+”有助于创新城乡产业融合模式,并形成新的经济发展形态。例如,作为“互联网+”的功能之一,众筹功能可以有效促进城市产业和各类生产要素进行有机融合,推动共享经济的发展。

4.3.2 城乡产业融合的经济效应

1. 城乡产业融合的结构效应

当前,在信息技术蓬勃发展以及劳动分工不断深化的趋势下,根据不同工序与流程进行生产分工协作,衍生了多种极具规模的产业间或产品间的边界与交叉点。由于与上、下游生产环节的技术或市场联系紧密,这些边界及交叉点逐渐转换为产业发展中最具活力的融合点,衍生出许多新的产品及经营模式。这不仅有效拓宽了产业的发展边界,而且还对促进城乡产业的高级化发展起到了重要作用。与此同时,充分发挥互联网通信、新能源、电子商务等新兴产业所具有的高包容性与适配性的优势,并将其与传统行业进行融合,促使传统产业得到转型升级,增强传统产业发展的可持续性。农村产业的深度融合,不仅有利于充分发挥农业的多功能性,而且还对实现农业现代化具有重要的推动作用。特别地,将大数据、物联网、人工智能等融入农业产业发展结构中,也能够有效提高农业生产率。此外,以种养加销的方式进行融合,有助于推动形成一体化经营、社会化服务的现代农业体系;促进农旅物融合,则有利于推动农村旅游业、物流业的兴起与繁荣。

2. 城乡产业融合的空间效应

城乡产业融合既有助于打破行政壁垒、模糊地理和产业发展边界、推动各类产业实现交叉渗透,又能够提高城乡联系的紧密度、助力重塑地理空间格局。一方面,城乡产业融合发展增强了城乡资源要素的关联程度。三次产业融合摆脱了在过去的城乡二元对立关系下,农村只能发展农业而城市仅适合发展非农产业的分工结构。这不仅加速了农业与第二、第三产业的有效融合,而且还提高了城乡间各类资源要素的空间配置效率和流通速度。另一方面,城乡产业融合催生的新产品、新业态以及新模式都必须基于“空间”层面上,这样才能有效构建出具有区域属性的现代化产业空间格局。此外,产业融合也有助于推动传统工业区进行空间布局上的优化转型。潘斌等以上海市为例,探究了生产性服务业与制造业之间的三种融合模式对于工业集聚区空间转型的作用效果。研究结果表明,置换融合能够推动工业区转换产业和功能;渗透融合可以加速工业区的产业结构和功能的转型升级;延伸融合则有助于实现工业产业链的扩展和延伸[149]。

3. 城乡产业融合的环境效应

传统的粗放型发展模式既造成了资源的过度使用,又降低了生态环境质量,而且还不利于我国城乡的绿色可持续发展。作为地区发展的重要引擎,现代化新型产业通过交叉、渗透以及融合等方式完善并优化了我国的经济运行模式。与过去高能耗、低产出的生产方式相比,现阶段主要通过使用绿色技术助力传统产业转型升级,或者将产业链扩展延伸至研发创新等领域。此类通过产业融合带来的生产模式上的变革,都推动着经济发展朝着科技含量高、低消耗、低排放的方向发展,极大降低了资源的消耗水平和生态环境的污染程度。

从农村三次产业的融合发展来看,通过现代科技与传统农业的紧密结合,推广农作物秸秆循环利用、病虫害绿色防控、有机肥替代化肥等系列农业绿色发展方式,加速传统农业向集约化、绿色化的现代农业生产方式转变。一方面,这有助于提高农业生产效率;另一方面,绿色观光农业、旅游休闲农业等新业态的发展也可以辅助解决环境污染问题。此外,通过大力宣传“绿水青山就是金山银山”的发展理念,也可使得地方政府转变经济发展方式,通过构建农村三次产业的协调发展和融合发展格局,推动农村地区生态产业和生态环境建设,从而实现农村产业发展和生态基底建设。

4.4 本章小结

城乡产业融合理论是从产业结构理论、产业组织理论、产业链延伸理论和产业融合理论发展而来的。现阶段,随着信息技术和经济运行模式的更新演化,城乡间的地理和发展界限日趋模糊,城乡产业不断呈现出分工协作、优势互补的融合、渗透发展模式,从而为统筹城乡一体化发展奠定了基础。

当前,城乡产业融合发展主要包含两个目标:一是传统意义上的增加农民收入与促进村域增收等经济贡献和市场贡献,即提升农业主体地位的融合发展;二是加强农村农业和城市工业的互动关联,助力城乡发展一体化,减缓城乡发展差距,即打通城乡互动融合的渠道。要推动城乡产业融合,首先,要以发展壮大农村自身产业作为前提条件。其次,农村产业融合也是城乡产业融合发展的重要内容,其模式主要包含农业的产业链延伸、新技术渗透以及功能拓展等。再次，农村产业结构的优化效应、农业多功能的拓展效应、农村三产融合的区域效应和农民增收的促进效应是农村产业融合的四个主要经济效应。最后，城乡三次产业融合模式可分为产庄融合模式、产城融合模式、产业链融合模式和互联网融合模式；城乡产业融合的结构效应、空间效应和环境效应等维度则可归类为城乡三次产业融合的经济效应范畴。

第 5 章　约束城乡产业融合发展的关键因素

城乡产业融合具有多功能影响力和推动力，这决定了影响其发展的关键性因素也具有复杂性与多样性。城乡产业融合发展是多种要素相互配合的产物，其既需要以生产要素为主的微观要素作为内部拉动力，又需要以宏观环境和配套保障为主的外部推动力。因此，城乡产业融合发展是内部拉动力和外部推动力共同作用的结果。内部要素是整个产业链延伸的前提和条件，也是促成产业集聚的内驱力；外部推动力则是产业融合的外部环境条件，其既有利于加速内部微观要素的整合与聚集，又可以参与产业集聚发展的过程，同时还能够提高城乡产业之间的融合程度。

5.1　影响城乡产业融合发展的内部拉动力

5.1.1　影响城乡产业融合的生产要素条件

1. 资本要素

经济社会的平稳运行离不开资本要素的流动和重新配置，一旦某一地区的资本流动因为某种因素而受到阻滞，那么经济发展也必然受到影响。城乡融合必然伴随着资本要素在城市与农村之间的交互流动。从产业融合的角度来看，资本要素的配置也是城乡产业融合的关键因素。在资本流动方面，由于农村地区投资机会较少且金融市场发育滞后，使得农村的资金大量流入城镇。同时，由于我国的金融机构往往布局在城镇地区，导致农村地区的资本有效供给量远远不足。因此，城乡之间资本要素的流通优化了城乡原有的封闭性资金循环机制，极大提高了资本的配置效率，弥补了农村资金不足的短板，并为城乡产业融合发展提供了资本支撑[150]。然而，当城市的发展规模越来越大时，也会带来拥挤成本而抵消一部分规模经济带来的收益。此时，城市资本开始向周边的农村地区进行投资，城乡间的资本要素流动也会发生方向性的转变。特别是在推动新型城镇化的进程中，大量资本流向农村并促进了农村地区的发展，使得城市的投资得到回报，如此便在极大程度上提高了资本的配置效率，促进了城乡产业的融合发展[151]。

2. 人才要素

人才要素是经济社会发展中最宝贵、最重要的资源要素，同时也是推动城乡产业融合发展的关键要素。人才要素不仅包括劳动力的迁移，而且还涵盖了人力资本、知识和创新要素的流动。人力资源要素的流动是双向的，尽管大部分人才选择在城市就业，但也有一部分人才从城市流向农村。这种人才要素的流动首先满足了城市对劳动力的需求，同时也推动了城市经济的发展，但当城市发展到一定水平时，人才要素会再由城市流动到农村。此时随着人才要素的流动，城市的资金、技术以及工作模式也会流入农村[152]。新经济增长理论指出，人力资本有助于促进生产要素的进一步优化配置。人才在城乡之间的流动，既可以促进不同区域的产业进行融合，又能推动经济落后地区的发展[150]。人力资源要素流动本质上是一种追求利益最大化的过程。在利益的激励下，劳动力实现了区域、城乡、职业等方面的转化与流动，促进了城乡要素的流动、融合和循环，实现了城乡产业融合的循环发展。此外，人力资源的流动既给居民带来了更高的收入，又进一步提高了城乡融合发展的质量。例如，农村劳动力转移到城市有助于其增加收入，而且为了获得更多收益，这些劳动力会使用一部分收入来提升自己的技能从而使自己能够拥有一技之长。当大部分农村劳动力不再从事简单的体力劳动时，那么这些劳动力在流动的同时也会伴随着技术及资本要素的流动，从而有助于进一步促进城乡产业的融合发展。

总体而言，人才因素在城乡之间的流动是基于以下几个方面来促进城乡产业融合发展的：第一，人才要素资源的有序流动提升了城乡之间的要素优化配置效率，缩小了城乡差异，促进了产业融合；第二，人才要素资源在城乡之间进行流动时，也会伴随着知识技能及经验的传递，这是因为人才流动能够加速城乡之间知识与技能的传播与共享，并以此促进城乡产业融合；第三，在前两点的基础之上，劳动力在城乡之间的分工也发生了变化，即人才从城市回流到农村，壮大了乡村市场规模。此外，也正是因为城市生产要素的过剩及城市发展空间的限制，人力资本才逐渐流向郊区或农村地区，这既促进了区域的分工深化，又加速了城乡产业融合发展[153]。

3. 土地要素

土地资源也是经济发展中十分重要的生产要素。特别地，土地资源是农村地区发展最重要的也是最关键的要素。然而，当前农村地区土地资源闲置问题越来越突出，因此对土地要素进行合理配置，鼓励对土地资源进行合理开发，将农村闲置的土地与城市多余的产能结合，能够大大提高土地利用率并产生更大的经济价值，有助于促进城乡产业融合发展[150]。因此，在政府倡导合理优化配置土地资源的要求之下，土地要素逐渐得到了有效的开发和利用，但政府在介入时需要注意市场配置的合理性。这是因为政府主导的土地要素资源配置可能导致其利益分配不公，城区相对来说获益会多一些，从而会弱化市场配置效率。例如，在当前的土地使用权转让或者征用中，农民只能够获得 5%～10%的收益，村级集体组织可得到 25%～30%的收益，县镇级别政府则能够得到 60%～70%的收益[152]。

政府通过适当的调控干预可以促进合理有序的土地市场的形成，但政府过度或不当的干预也可能导致土地资源要素市场扭曲和资源浪费。此外，经济杠杆作用下的土地要素市场可以引导土地资源在不同产业间进行动态配置，这不仅对支撑城乡产业发展的重要因素——土地资源——具有影响力，而且也会影响城乡产业的流动布局[154]。至于土地要素市场对城乡融合和产业融合发展的影响，可以从以下两个方面进行考虑：一方面，良性的土地要素市场能够提升土地经济价值，并实现土地空间价值与社会价值的协调发展，从而推动城市发展并为农村建设提供资本，促进城乡产业融合发展；另一方面，扭曲的土地市场会降低土地资源的配置效率，同时也会阻滞城乡融合的发展[155]。因此，在政府主导和市场配置合理化的机制下，对土地要素资源进行合理配置，既是促进土地资源利益最大化的关键因素，也是实现城乡产业融合发展的保障。

4. 技术要素

现代信息技术、生物技术、农业种植技术以及交通物流运输技术等均是实现城乡产业融合发展的主要推动力。一方面，农业技术进步会加快农业生产分工协作，使得农业生产的各个环节可以分割成单独的部分，从而增加了农业与第二、第三产业合作融合的机会。另一方面，技术进步打通了城乡产业融合的渠道，通过现代物流、电子商务等平台实现了城乡产业供需之间的交叉融合。例如，生物育种技术的应用可以有效助力农业生产与科学选种，提高农业生产与科技服务的融合程度。此外，生物技术、物联网和互联网等技术的推广应用，也改变了传统农业的生产、经营、销售等方式，提高了科技研发与农业生产、电子商务、智能制造、现代物流及金融借贷等产业的融合程度，打破了农村农业与城市第二、第三产业之间的发展壁垒。

从城乡产业融合发展驱动力的角度构建城乡产业融合发展的动力机制，需要注重于如何将现代生产、运输、交易等方面的技术与城乡产业进行紧密结合，从而拓宽并完善城乡产业链、价值链和供应链体系，推动城乡产业融合发展。作为促进农业现代化发展的核心动力，技术落后既会对农村发展造成不利影响，又会阻碍城市可持续发展。技术要素的流入不仅为农村地区带来了先进的生产方式，而且也促进了产业结构的升级，改变了供需结构，提升了居民收入，推动了农村经济的发展。此外，技术要素的流动还能够促进各经济主体相互学习、交流经验，使得产业发展体系更加成熟，这对城乡产业的融合发展也起到了极大的促进作用。

技术要素并非单一的流动，其流动过程中也伴随着人才要素的流动。因此，可以尝试从以下两个方面来促进城乡产业融合：一是利用新型技术促进农业现代化，而推动农业现代化建设能够更好地促进城乡产业融合发展；二是加强对技术型人才的培养，高技能人才的流动也能够加速知识和技术在城乡之间的流动，从而有助于优化技术要素在城乡之间的配置，推动城乡产业融合发展[156]。

5.1.2 影响城乡产业融合的产业支撑条件

1. 资源要素

目前，我国正处于农业发展模式转型、经济结构优化及经济增长模式更替的关键阶段。鉴于我国广阔的国土面积和具有显著差异的地区生产环境与自然资源状况，城乡产业融合进程也深受其影响。以江西为例，江西的红色文化独具特色，共和国的摇篮就在瑞金；庐山、三清山、龙虎山等自然风景、名胜古迹繁多；白鹿洞书院闻名遐迩；道教也发源于江西。因此，江西可利用得天独厚的自然禀赋来建设文化产业基地与区域性特色文化产业集群，并打造特色文化品牌[157]。除此以外，江西雨量充沛、日照充足，适合亚热带作物、林木、花卉的种植，可在此基础上开展有机农业与特色农业的生产经营，由此进一步推进乡村农业转型与城乡产业融合。

劳动力要素也深刻地影响着城乡产业融合发展。社会经济发展，归根结底是人的发展。城乡产业融合过程中人力资源的流动不仅涉及劳动力的数量，更包括拥有资本、专业技能的人才的流动。劳动力为了获得更有利于个人发展的机遇，自主选择在不同区域、不同产业以及不同职业间进行流动。户籍制度改革以来，城镇化率显著上升。一方面，农村劳动力流向城市，可以满足经济发展的需求；另一方面，人力资本从城市流向农村，将先进的生产技术与知识技能带入乡村，并结合农村的特点形成新的生产方式与业态[152-153]。在此过程中产生的知识溢出效应及生产经验的完善，进一步加速了城乡之间知识与技术的传播共享，促进了农村新知识、新技术的发展。此外，劳动力要素流动有助于促进市场聚集、降低交易成本、优化要素配置，并促进生产效率的提高与创新发展。同时，这也有利于农村劳动力在市场上寻得更合适的工作机会并带来更丰厚的收入，从而有助于进一步缩小城乡之间的收入差距。

由于劳动力从农村大量转移至城市，农村土地未得到充分利用，大量住房与宅基地闲置。与此同时，城市工业和服务业的发展造成城市可利用空间的进一步缩小，

"城中村"等土地开发低效率地区仍然存在，城乡土地供给水平仍需提升。因此，需要通过盘活农村的闲置土地资源、整合碎片化土地，以补充农村产业用地供给、扩大农村产业的发展规模。同时，积极发展新型生产经营主体，提升农村产业的规模化水平，缓解人地矛盾，助推产业融合[158]。此外，为解决土地未完全得到利用的问题，近些年许多地方纷纷启动集体经营性建设用地入市、农村土地征收及宅基地制度等试点工作[159]。

除了上述方面，基建设施也是城乡产业融合的基本条件。发达的交通基础设施能有效降低成本，完善的通信网络也有助于进一步缩小城乡之间的差距，从而促使更多的企业迁至农村，提高自身的成本竞争性优势。目前，我国在城市群层面，尤其是长三角、珠三角、京津冀等城市群，已基本实现地区之间、城乡之间基础设施的互联互通，城乡公共服务均等化水平也正处于向高水平迈进的阶段，现已基本具备城乡产业融合发展的基础条件。此外，农村基础设施的加速建设及农村的技术进步也能够有效促进农村产业的深化分工，并实现其与城市产业的互联互通。

2. 产业基础

产业是推进城乡融合发展的基础，因此在推动城乡融合发展的过程中，强化产业支撑是关键。产业融合以城乡各自的优势条件为基础，是推动城乡产业之间互补与促进，进而实现城乡融合发展的物质基础。城乡地区应发挥各自的比较优势进行产业布局。例如，城市可重点发展技术和资金密集型产业，乡村地区则应注重"农业+"的发展，重点支持农业与生态旅游、电子商务等新兴产业的融合发展。与此同时，应通过机制体制创新，健全农村生态产品供需对接、生态资源权益交易及环保型生态产业导入等多种开发机制，以此推动农村农业生态价值的实现。

产业基础是实现产业链现代化的前提，产业基础的高级化和现代化是全面提升产业发展能力和整体发展水平的关键。在此背景下，湖南省工业和信息化厅推出了《产业基础再造工程实施方案》，其核心是推动"卡脖子"技术突破，打造区域创新平台、行业创新平台和企业创新平台来促进特色优势产业集聚，同时，开展"产学研"协同攻关、"一条龙"协同创新及"链式"协同攻关等三大协同行动，并以此推动产业链现代化和产品产业化发展，促进产业基础的提升[160]。

2016年，国家批准了一批特色小镇建设示范点，并鼓励政府积极进行乡村建设。这些示范点强调了因地制宜的原则，旨在通过发展特色产业，推动乡村发展，促进城乡产业的融合。在这一背景下，南昌市的进贤县三里乡成功发展为农业产业强镇，其中的黄鳝养殖成为该镇的特色产业。具体而言，全乡网箱养鳝达46万余箱，养殖面积达2万亩，年产量达1.56万吨，占进贤县黄鳝产量的八成以上，年产值近11亿元。因此,在2022年全国农业产业强镇的创建名单中,进贤县三里乡成为南昌市唯一入选的乡镇,并被列入全市农业特色产业提升行动的10个重点市级农业产业强镇扶持计划。鉴于进贤县特色产业的发展对南昌市其他县区具有示范作用,因此南昌市在2022年初确定了多个市级农业产业强镇及其主导产业,包括南昌县冈上镇的水禽、进贤县三里乡的黄鳝、安义县新民乡的瓦灰鸡、新建区金桥乡的葡萄和油茶、石埠镇的芦笋以及湾里管理局太平镇的民宿产业等[161]。农村地区因地制宜地发展具有当地特色和优势的产业,不仅可以促进农村收入的提高,还能够减少劳动力的流失,进而缩小城乡之间的差距,这种经济效应对加速产业融合有极大的促进作用。

随着中国特色新型城镇化的发展,在产业融合的理念下,产业社区也作为体现未来城乡产业布局的创新空间模式而受到关注,全国各地也开始使用产业社区来发展产业。例如,空间发展受限的上海漕河泾新兴技术开发区通过建设产业社区,将产业发展和生产活动融合起来以促进城市更新[162];成都市则将产业社区单独作为与城市社区和农村社区并列的社区。虽然其他大部分城市也强调建设产业社区的重要性,但是基本上只是将产业社区作为具有一定产业基础的城市社区来治理。但是,鉴于产业发展是城市发展的支柱,因此无论是哪种治理方式,都必须充分考虑当地的资源和条件,这是因为实现因地制宜、适度发展及分类施策的产业社区对城乡产业融合的发展具有极强的促进作用[163]。

农村特色产业的发展对于城乡产业融合的影响可以从以下几个方面考虑:首先,农村特色产业的发展和农村产业的融合对于缩小城乡收入差距具有积极的影响[164],而城乡收入差距的缩小必然会使得城乡之间的发展更加趋同,从而促进城乡产业融合的发展。其次,农村特色产业融合与农村经济增长之间存在一定的交互作用。农村经济的发展不仅能够反向促进农村特色产业发展和城乡产业融合,而且随着农村经济增长,城镇化率也会提高,进而也会促进城乡产业融合的发展。最后,农村特色产业和农村产业融合对我国城镇化的影响是正向的。针对人口城镇化,农村特色产业在融合发展中可通过产业集聚、产业链延伸以及农业多功能性等方式提升农户收入、推动农户就地城镇化;对于经济城镇化,农村特色产业融合发展一方面可以带动农户增加收入、提高经济效益,另一方面则可以通过引进先进的管理模式和生产方式来促进资源配置的最优化和产业结构的合理化;针对生态城镇化,在农村特色产业融合发展的过程中,可以利用现代生物科学技术生产绿色产品、保护生态环境,而生态文明也是经济发展的重要保障,两者相互影响;在社会城镇化方面,农村特色产业融合发展既可以促进城乡要素的流通、加速城乡一体化的进程,同时也可以带动不同区域之间的经济合作,有效促进城乡融合及产业融合[165]。

5.2 影响城乡产业融合发展的外部推动力

5.2.1 影响城乡产业融合的政治环境

城乡产业融合离不开政府的引导和监督。一方面,政府为产业融合提供方向指导,辅以相关政策进行支持,并为各产业间的融合创造出良好的技术平台和产业平台;另一方面,政府对产业融合进行监督,规范融合过程中的不当行为[166]。此外,政府实施针对产业的监管放宽政策,有效地提高了整个产业体系的开放程度,进一步推动了各类企业之间的沟通交流,从而对产业发展变革的路径及方式产生了深远影响。

2004年以来,在科学发展观的指导下,党中央、国务院与时俱进地制定了加强"三农"工作的政策方针,连续出台多个指导农业和农村工作的中央一号文件,加大了统筹城乡产业发展的力度。统筹城乡发展战略不仅为农业与其他产业融合提供了体制环境,而且还从体制上打破了城乡二元经济对资源配置在城乡、工农、区域之间的人为分割,拓展了农业的发展空间。特别地,农业与服务业、工业、旅游业、生物产业及信息产业等方面的融合皆有政策支持。例如,2006年中央一号文件指出"鼓励商贸企业、邮政系统和其他各类投资主体通过新建、兼并、联合、加盟等方式,在农村发展现代流通业";2007年中央一号文件指出"通过贴息补助、投资参股和税收优惠等政策,支持农产品加工业发展""因地制宜重视发展园艺业、特种养殖业和乡村旅游业""加强生物质产业技术研发、示范、储备和推广,组织实施农林生物质科技工程"等。此外,2022年3月,国家发展改革委发布的《2022年新型城镇化和城乡融合发展重点任务》中,强调了要健全基本公共服务制度、持续深化户籍制度改革,推动形成疏密有致、分工协作的城镇化空间格局,推进城市治理体系和治理能力现代化。

稳定的政治环境既有利于形成朴实和谐的乡村风气,又有利于各产业寻求到合适的地域进行融合发展。首先,鼓励企业下乡投资建厂则有利于农村吸引资本投资。响应国家号召和顺应社会趋势,促进产业结构向多元化迈进,政府应当大力推动资源型产业与乡村振兴事业进行有机结合,建立并完善与城乡产业融合相关的各种规章制度,精心制定有远见的中长期发展战略规划及相关配套制度。其次,要在计划编制、政策规划、组织结构调整及人才配备等多个环节实现与产业融合的高效有序对接,以便为城乡产业融合实践提供强有力的制度支持与保障。再次,要积极发挥制度对创新思维和行为的鞭策与牵制功能,注重激发产业发展的创新动力和活力。最后,应完善相关的激励机制,通过制度约束与监督管理,发挥城乡产业各个行为主体的积极性和主动性,同时加强城乡之间、地区之间以及产业之间的融合发展,提高城乡产业竞争力,促进城乡融合发展。

5.2.2 影响城乡产业融合的市场因素

市场因素是产业融合的外在条件,没有市场的产业无法立足与发展。市场资本力量正在实现对产业基础服务的布局和控制,企业在政府投资公共服务的基础上搭便车,形成新一轮的投资垄断。同时,多元经营主体正在构建不同的生产模式、拓展产品和服务类别、培养不同层次的消费主体。

影响城乡产业融合的市场因素包括需求和供给两个方面。就供给端而言,通过产业渗透交叉、产业链延伸、内部重组等途径实现产品的多样化发展,以满足市场的需求并提高竞争力。以京津冀城市群协同发展为例,京津冀在满足市场需求的产业融合发展中,以政府放松管制、制度创新和技术创新等方式促进产业融合、企业融合与产品融合[167]。就需求端而言,随着城乡居民收入水平提高,其消费水平也随之上升,人们的消费理念与消费行为也发生巨大变化,从而增加了对教育文化与娱乐活动等方面的重视程度,并减少了生活必需品的开支。在对涉农产品的消费中,城乡居民越来越追求健康、营养、绿色的有机食品,而且乡村度假旅游、农业农村生活体验等消费也逐渐增加。农业消费的变化催生着农业的变革,这有助于农业跳出传统的发展模式,与其他产业进行融合创新,努力发展现代化新型农业。

5.2.3 影响城乡产业融合的社会因素

乡村法律制度的完善也为城乡产业融合提供了保障。乡村环境相对闭塞、构成人员复杂,经常出现纠纷事故。村域内进行产业融合时出现的不良问题会损害弱势群体的利益[168],降低产业融合主体的参与度。因此,健全的法律法规体系能够增强通过法律途径解决村域纠纷的能力,可以解决实际生产过程中的矛盾,让利益受损害的产业融合主体有途径申诉,有助于为产业融合发展提供良好的社会环境。

进入 21 世纪以来,鉴于面临着经济发展与环境保护的双重压力,所以国家针对性地提出了要建设资源节约型、环境友好型社会的目标,这在一定程度上意味着相关产业也需要进行转型升级。作为与生态环境紧密相连的产业,农业因粗放发展而导致的环境污染问题突出;农产品质量监控和测定体系不够完善,特别是在出口市场上缺乏竞争力;农业水利设施相对落后,淡水资源时空分布不均。由此可见,减少农业领域中的污染物排放量、节约水资源并加大对农产品质量安全的监督力度仍是当前农业发展需要解决的关键问题。通过深度挖掘并充分利用包括工业、服务业及高新技术产业在内的各类现代化产业所取得的丰硕发展成果,配套完善农业基础设施建设、提升农业科技研发与应用能力、创新传统农业经营方式和管理模式、培育新型农业经济增长极，有助于实现节能降耗、环境保护等多重效益。

5.3　联结城乡产业融合发展内外因素的制度体系

5.3.1　土地制度

作为一项基本国家制度，土地制度既是组建经济社会系统的基础，又在农村制度体系构建中处于核心地位[169]。此外，建立健全与社会发展相适配的土地制度，也一直是我国经济体制改革的必经之路。因此，农村土地制度在城乡融合发展中也起到了举足轻重的作用。党的十八大之后，中央积极且全面地推进了农村土地制度的优化与深化，特别是农业用地的“三权”分置、集体建设用地入市以及宅基地改革等方案的实施，不断为我国的农业及城乡融合发展注入了新的活力。

在推动城乡二元发展结构演变的过程中，优化土地资源配置，既有助于非农产业直接进行资本积累，又可以促进农业剩余劳动力转移至非农产业领域，进而可以经由农村内部对土地进行合理分配，以推动农业生产经营的规模化发展。

城乡关系演变不仅涉及农村剩余劳动力流向城市的过程，而且也包含土地资源在农村与城市，以及农业与二三产业间的再分配问题。随着城镇化建设的不断推进，二三产业及相关资源要素不断流向城镇地区。除去减少了企业发展的经济成本之外，这一过程无疑提高了市场对产品的需求，从而进一步增加了企业利润并加速了工业化进程。至于土地资源的再配置，其本质为劳动力等资源要素因在区域空间进行聚集而提高土地价值的过程，级差地租的形成过程便是如此。如果土地要素所有者把土地的增值收益用于非农产业投资，则有助于资本进行累积并提高工业化水平。政府把与土地增值有关的税费收入用于城市基础设施建设，则可以为企业经营创造良好的外部条件[170]。

伴随着各类要素资源不断向城市进行集聚，这不仅会促进城镇地区土地资源的优化配置，而且还会加速农村土地的再分配。一方面，鉴于人口城镇化加剧了农村人口流向城市，特别是流入第二、第三产业，这便有助于提升农村户籍人口的土地占有份额，从而有利于实现农业的规模化经营，并为构建现代化农业体系奠定了发展基础。另一方面，随着农业现代化经营水平的提高，农业生产率也会随之提升，这便进一步推动了农村剩余劳动力前往城镇参与非农产业的生产经营，构建出了农业与二三产业发展互相促进的良性循环格局，最终有利于城乡产业融合发展。

5.3.2　户籍制度

人口在城乡之间的流动既是城乡融合发展的重点内容之一，又是推动城乡市场、公共服务、区域功能融合的关键因素。户籍制度改革和农民职业分化都与促进城乡人口双向流动密切相关,并对城乡融合发展有着重要的推动作用。中华人民共和国成立之初,农村人口数量远远多于城镇。农村不仅满足了城镇化和工业化发展对劳动力的需求,而且还位于城镇化与工业化进程的前端。随着工业化的不断推进,城镇经济体量上升并逐渐减轻了对农村的依赖程度,由此农村地区的发展速度开始减缓。从当前的发展情况来看,我国城乡经济关系的关联度较低,且主要体现在产业发展上。城市主要发展以社会性大生产为特点的现代化工业,而农村还是侧重于发展传统农业,两者在实现产业联通发展上较为困难[171]。

从全球众多发达国家与发展中国家的历史经验来看,劳动力自由流动对于充分利用不同区域之间的比较优势来推动城乡产业融合具有重要意义。1945 年之后,大部分低收入国家的城乡迁移都表现为劳动力由土地密集型产业流向人力资本密集型产业。人口流动不仅能够为迁入地提供丰富的劳动力,而且还有利于推动劳动力市场规模的扩大,从而有助于优化全要素生产率,并提高城乡经济增长速度和经济效率。中国劳动力的非农转移潜力巨大,继续鼓励农村劳动力自由迁移、持续完善户籍制度、优化劳动力的产业和空间配置,这对于促进城乡要素合理配置和实现城乡产业融合具有重要意义[172]。

推动以人为核心、以质量提升为根本目标的新型城镇化建设,既有利于完善城乡统筹发展的空间格局与发展模式,又有助力优化城乡要素的互惠共享和合理分配。一方面,健全户籍制度,不仅可以推动农村人口的"非农化",而且还能够有效地优化劳动力资源配置。新型城镇化是以实现农村流动人口的综合提升为出发点,将城市群作为主体形态,通过合理构建不同的城镇规模体系,进而走向集约、智能、绿色的现代农业发展道路的过程[173]。户籍制度的优化创新,不仅为工业化发展提供了充足劳动力,而且还有效避免了农村剩余劳动力的"闲置"。另一方面,完善的户籍制度既能在推动农村产业发展中起到不可忽视的作用,又能够充分发挥城市对农村发展的正向空间溢出效应,有助于实现城乡之间资源要素的畅通,带动农村的产业升级和城乡产业融合发展。

5.3.3 乡村空间治理体系

2020 年,《中共中央 国务院关于构建更加完善的要素市场化配置体制机制的意见》指出,在城乡地区进行科学的要素配置是促进城乡融合的重中之重。农村地区的生产要素发展与统筹城乡发展紧密联系。其中,优化要素配置被视为推动乡村空间治理的关键问题,而进一步健全城乡要素合理配置的体系则是助力城乡融合发展的核心目标[174]。乡村空间治理通过改变城乡互动"强度"和"通道"实现对城乡关系的优化。城乡互动的要素流通通道、一二三产业融合通道、基础设施连通通道、公共服务网络通道均将在乡村空间治理过程中得到强化。通过城乡互动强度延伸和通道疏通，实现城乡空间开发格局的重构，为构建公平的城乡关系奠定基础[175]。

作为农村发展的基础，乡村空间不合理利用的问题既在很大程度上制约了乡村振兴，又严重阻碍了城乡融合发展的推进。乡村空间治理以乡村空间为治理对象，通过对乡村物质空间及其承载的空间关系进行治理，构建城乡要素流动通道，优化乡村空间结构，促进乡村转型发展[176]。乡村空间利用的无序化和低效化等问题，不仅限制了农村的发展空间，而且还挤占了原有的农业生产经营空间，这既阻碍了农业生产的规模化，又制约了农业现代化发展的进程，不利于城乡产业融合发展[177]。

乡村空间治理助力城乡资源要素畅流、空间结构互通、功能价值融通的过程是城乡产业融合发展的可行路径，城乡发展要素的自由和高效流通是保障产业融合升级的基础动力。推动城乡迁移人口市民化、工商业资本有序下乡、科技支持乡村发展及保障返乡劳动力就业，将促使城乡发展要素由单向流通转向双向流通，为落实城乡产业融合创造条件。

乡村空间治理通过优化城乡之间要素的配置效率，提高要素的利用及转化效率，完善城乡社会交流的互动体系，从而推动了具有城乡一体化性质的市场、价值分配及功能互补机制的建立健全，有助于完善城乡产业融合发展机制体制。在乡村人地关系转型背景下，通过乡村空间治理激发乡村产业振兴和城乡产业融合的条件已具备，部分先行先试、市场化程度高的地区已经树立众多成功案例。例如，以山东曹县为代表的数字电商乡村发展模式说明了依托乡村本土空间资源衔接跨尺度交互作用的机制网络有助于实现城乡产业融合发展。

5.4　本章小结

城乡产业融合发展的关键性因素具有复杂性和多样性，本章从影响城乡产业融合的内部拉动力、外部推动力与制度因素三个维度展开分析。

影响城乡产业融合的内部拉动力包括生产要素条件和产业支撑条件两个部分，其中，生产要素条件包括以下几项。(1) 资本因素。过去，我国的资本要素主要向城市集中，随着城乡经济活动交流日益频繁，资本由城市向农村转移成为加速城乡产业融合的重要因素。(2) 人才因素。随着城乡户籍壁垒的打通和城乡交通基础设施的日益完善，人才要素资源在城乡之间的流动变得更为便利。人才流动不仅有利于加速知识及技术在农村地区的普及，也有利于城乡之间经济活动分工的开展。(3) 土地因素。土地能够产生经济价值、空间价值和社会价值，尤其是当前城市土地使用成本提高，农村丰富而相对廉价的土地要素已成为吸引城市产业进入农村并促进城乡产业融合的重要因素。(4) 技术因素。技术进步有利于打破产业发展壁垒,提高城乡生产效率,促进城乡产业融合发展。

影响城乡产业融合的产业支撑条件包括农村资源要素和既有产业基础两方面。资源要素和产业基础是决定农村进一步发展的先决条件,也是吸引城市生产要素进入农村的重要因素。

影响城乡产业融合的外部推动力包括:(1) 政治环境,合适的政策制度与政策支持可以为产业融合提供方向指导,同时规范融合过程中的不当行为,促进城乡产业融合发展;(2) 市场因素,提高农村产品供给多元化程度、挖掘城乡消费潜力是影响城乡产业融合的重要因素,为此应构建不同的生产模式、拓展产品和服务类别、培养不同层次的消费主体、大力发展现代化农业;(3) 社会因素,健全的法律法规体系有助于解决村域纠纷和实际生产中的矛盾,使得利益受损害的产业融合主体有途径申诉,从而能为城乡产业融合提供良好的发展环境。

最后,关于联结城乡产业融合发展内外因素的制度体系,本章主要从土地制度、户籍制度和乡村空间治理体系三方面进行了分析:(1) 完善与经济社会发展相适应的农村土地制度构成了城乡融合最主要的制度支撑;(2) 健全的户籍制度能够加速城乡要素流动,特别是加速技术和知识的扩散与普及,并为城乡产业融合创造人力资本条件;(3) 乡村空间治理是推动城乡发展要素流通、空间结构互通、功能价值融通的可行路径,是保障产业融合升级的基础动力。

第 6 章　城乡产业融合发展系统构建

本书第 2 章已经指出，城乡融合是指以农业为基础，鼓励发展第二产业中的农产品加工业及第三产业中的农产品销售和服务、休闲农业、乡村旅游等特色服务业，并结合知识、技术、人才及资金等要素，延长农业产业链与价值链，进而实现农业发展现代化的过程。然而，这一内涵的解释以农村产业为基础，并未将农村产业和城市产业置于同等地位进行解释。城乡产业融合除了涉及产业这一概念，还涉及城乡这一区域概念。为充分认识城乡产业融合的本质与过程演变，首先，本章基于系统论的研究视角解构了产业融合的内涵和表现形式，并引入了区域协同理念，将产业融合置于城乡这一空间范畴，对城乡产业融合发展的内涵进行重新解读；其次，厘清了城乡产业融合系统中所包含的要素组成及各要素的结构关系；最后，构建了符合我国国情的城乡产业融合发展系统，希望通过合理配置城乡生产要素资源以实现城乡共同繁荣。

6.1　城乡产业融合发展系统的内涵

6.1.1　系统论视角下的产业融合

随着传统工业社会逐步向信息化社会转变，消费者需求的个性化与多样化逐渐凸显出来。既有产业边界逐渐模糊，产业内技术、市场、产品等多个要素与外部环境在相互作用中衍生出了新的产品、服务及市场价值，学者们将这一现象称为产业融合[178]。

现有文献主要基于如下三个视角对产业融合的内涵进行解释。一是技术视角。美国学者 Rosenberg 在对美国制造业进行研究时发现，新产业的出现必然伴随着技术在产业间的扩散与融合[88]；岳芃指出，产业融合的最直接评判标准是知识和技术是否在不同产业间共享并由此产生了新的产品竞争与价值创造行为[179]。二是产品视角。产品的出现是微观经济主体创造价值的直接衡量方式。一般而言，某种产品是由某一固定产业内众多企业共同生产制造的，但产品之间功能的整合和统一往往会产生新的融合型产品[180]。例如，计算机的出现有利于整合通信产品功能，由此衍生出众多新兴产业。三是产业视角。既有文献多认为，产业融合表现为不同产业之间的边界逐渐缩小或消失，按照熊彼特创新理论，产业融合是指不同产业逐步融为一体，最终形成新产业的过程[181]。

从产品或技术的角度对产业融合的内涵进行界定，均只能围绕产业的构成要素或属性进行阐释，无法全面把握产业融合的内涵。例如，产业之间相互渗透、交叉发展并衍生出新产品、新价值，即虽然产业间也表现出融合的特征，但并未形成界限分明的新产业，而是彼此共同发展，具体表现为产业链的协同和价值链的延伸[182]。因此，以新产品的出现或技术的应用作为产业融合的判断标准有失准确性。尽管从产业视角解读产业融合有其合理性，但这一概念无法准确描述产业融合的内部机理，例如，当发生产业融合时，与产业相关的要素，包括技术、产品、市场、制度等方面均有可能表现出相互融合的特征[183]。为解决以上不足，本章尝试从系统论的视角出发对产业融合的内涵和特征进行重新解读。

系统论是20世纪中叶兴起的一门研究事物组成成分之间相互作用与发展规律的学科。根据系统论的观点，所谓的系统即“整体”或“统一体”，其内部各要素呈现出相互关联又相互制约的关系[184]。从特征方面看，首先，系统既能表现出单个要素所不具有的性质和功能，又具有各个要素独有的特征，这一特性称为系统的“整体性”[185]；其次，系统往往可以细分成更小的若干个子系统，系统与子系统之间因功能的不同而体现出等级秩序性，这一特性也称为系统的“层次性”[183]；最后，系统具有“动态性”，会随着外部环境和系统的演变而发生变化[186]。产业融合是建立在不同产业基础上的产业组织变化现象，从内涵上可以借用系统论的思想研究产业融合现象。

根据系统“整体性”的观点，产业系统可以看作是由若干不同的产业子系统组成的“集合”，而产业同时又是由若干企业、技术、产品、市场、制度等系统构成的“集合”。所谓系统设计和实现，就是要适当地引入一些辅助的功能和资源，以保证那些关键功能的执行达到要求、关键资源得到有效利用[187]。因此，从系统论的观点来看，产业融合是指产业系统内各子系统之间相互依存与联系，通过竞争、合作等方式相互作用，最终必然表现为相互促进、协同发展的均衡状态，这一过程便是产业融合。

6.1.2 产业融合系统的形式与特征

产业融合是各要素相互协作演化进而衍生出新兴产业的过程，产业融合必然伴随着产品、技术、市场和制度等方面的融合。

一是产品融合。产品融合是指以产品功能统一为主要表现形式的产业融合。随着企业等微观经济主体的交流合作日益频繁，企业的资源获取能力及资源整合能力也得到了增强。在此过程中，企业业务的多元化与趋同化开始显现。企业通过多元化可以增强相关产品知识的积累,为未来产品的创新奠定基础[188]。但多元化并不是目的,企业从事多元化业务并不能够直接导致产品的融合,只有把多种产品知识整合到一个独立的产品中,才能促进产品融合与产业融合的产生。

二是技术融合。技术融合是指不同产业系统分享共同的知识与技术的过程。产业融合意味着新产业的出现或旧产业内部系统的优化,这一过程往往是由技术扩散和普及作为内生因素来驱动的。具体而言,各产业之间如果具备共同的技术基础,那么技术融合便很容易发生,进而可由技术融合衍生出产业融合现象[189]。

三是市场融合。由于产业活动必须充分依赖市场机制来进行,因此一些学者在研究产业融合时,也把产业融合称为市场融合。市场融合指不同产业活动在供给市场和需求市场中通过降低流通成本、共享劳动力和资本,以及共享市场份额等途径,增加彼此之间的交流合作,共同进行技术研发与产品制造,从而促进产业融合[166]。

四是制度融合。制度是指管束企业主体行为的一系列规则。单纯依赖市场作用难以保障产业的合理有序运行,产业系统的维持与运转还需各类正式和非正式的制度进行维护。其中,正式制度也被称为宏观层次制度,指由政府制定的各项具有强制作用的法律法规与产业政策等,企业必须遵守与执行。非正式制度也被称为微观层次制度,多是企业主体在互动中自发形成的,为确保下次交易能更有效率进行而约定或提出的标准,企业不需强制执行,但企业违反相关制度也会对自身信誉产生影响。为减少标准不统一而带来的产业融合过程中的公平或效率损失,有必要统一产业标准,实现不同产业之间的制度统一,即制度融合[183]。

以上不同方面的融合都是产业融合过程中的一个体现,并不能孤立存在。产品融合是产业融合的最直观表现形式,技术融合是产业融合最常见的内在动因,市场融合是产业融合发生的经济组织载体,制度融合是产业融合的正式和非正式保障。只有把这些方面整合起来,才能构成产业融合的整体内容,也正是因为这些不同要素之间的互动才促进了产业融合的出现与实现。

从产业融合的内涵与表现形式中可以看出,产业融合具有以下几个方面的特征。

其一,产业融合的前提是要求产业系统中各要素能相互作用,因此产业融合只能在开放的产业系统中产生。相比封闭系统,开放系统的典型特征是生产要素的自由流动不受阻碍,所以产业管制的放松、垄断机构的瓦解都是产业系统开放的必要条件。

其二,各产业主体的关联性是产业融合发生的必要条件,产业融合需要在不同产业主体间的竞争与协作关系中产生。例如,跨产业的并购与战略联盟的形成能够促进创新技术在联盟内部扩散。由于不同系统具有相似的知识基础,共享技术知识、共享微观层面的制度等都有利于促进不同企业之间非线性关系的形成与发展,推动着不同产业向同一个方向发展。

其三，产业融合是不同要素共同演进的结果。任何一个产业系统都是由资本、技术、产品、市场、制度等各种要素共同构成的。新要素的出现与扩散既会促进不同产业共享相关知识，又会促使产业系统中其他构成要素发生演化。例如，技术的创新与扩散会推动企业进行产品创新与战略行为的变革等，有助于促进整个产业系统的协调发展与共同演进。

其四，产业融合是产业创新的形态和方式之一。产业融合是在新技术出现与扩散并与产业系统中其他构成要素共同作用的过程中形成的，是企业主体对多个产业构成要素进行重新组合的结果，其最终结果是形成一个新兴产业。可见，产业融合是一种新型的产业创新方式。

综合以上内涵与特征，产业融合是在开放系统中经由不同产业主体的竞争与协同而产生的，其具有自组织的本质特征。因此，产业融合的产生过程，本质上是产业的创新过程，也是产业生态系统自组织的演化过程。

6.1.3 城乡产业融合发展系统的内涵

城乡产业融合是在城乡这一空间视域下研究产业融合问题。本节在上述研究的基础上引入了区域产业协同理念，尝试对城乡产业融合系统的内涵进行总结。

长期以来，我国实行的城市优先发展战略和东部率先发展战略在促进全国经济总体增长的同时，也导致了区域发展的不平衡，尤其是区域间产业发展模式的巨大差异。最典型的例子是东部和中西部产业发展程度的差异，以及城市与农村地区产业发展结构的失衡。而区域内产业间能否协同发展、产业结构是否合理互补关系到区域能否稳定发展[190]。区域产业协同发展的核心理念是将不同区域作为一个经济社会系统，各区域在发展过程中既要保持自身产业特色，又要根据自身的发展情况进行内外部协调，在促进自身产业发展的同时加强与对方产业的互动协作，促进区域内不同地区产业的共同发展[191]。由此可见，区域产业协同与系统论视角下的产业融合具有内涵上的一致性。

“协同”一词最早出现于 20 世纪 70 年代，是作为协同论的核心概念而出现的。协同论是子系统之间如何通过不同的合作产生相对高效运转的空间和功能结构，从而形成一个相对稳定又独立运行的系统结构的过程[192]。一般而言，各子系统之间如果能以合适的形式进行竞争合作，那么这将有利于系统总体性能的提升；反之，如果各子系统之间以利益侵占或资源争夺的方式共处，那么系统总体的运行效率将在非均衡状态中逐渐降低[193]。区域产业协同是指不同地区的各经济体和资源要素之间相互作用，并以产业协作方式最终达到多赢的发展目标[194]。

产业协同发展的特征，可以从如下角度进行理解。第一，从协同发展角度出发，产业协同发展是一个从不均衡走向均衡的过程,同时也是在发展中寻求相对均衡的过程。应充分利用并协调好各区域的比较优势,明确各地的经济特色并对区域实业链进行合理划分并协调好各方的利益关系,建立更加合理有效的区域分工协作体系[195]。第二,从相互作用角度出发,发展中的个体间都存在不同程度的内在联系。因此,有必要通过一定的政策规划、法律法规及协同发展战略来进一步促进区域产业间的合作,使区域内各合作主体间形成互惠互利的良性循环。第三,从公平发展角度出发,区域产业协同发展并不是要实现各区域产业发展水平的绝对一致,而是追求区域间发展的相对均衡。区域产业协同发展允许区域间存在一定的差异,但这种差异应稳定在合理的范围内。此外,进一步完善公共服务,使不同区域的居民享受到较为一致的教育、医疗等基础服务,即实现基础设施的均等化。值得注意的是,生产要素的自由流动也是保障区域产业均衡发展的重要因素。

根据以上分析可知,区域产业协同发展的要义在于区域内不同产业在空间结构上能合理分布、有序组织,在发展进程中实现要素、资源与技术共享,产业间相互带动,产业内合理分工。区域产业协同发展并不意味着简单要求生产率低的地区通过改善产业组织方式朝着生产率更高的产业进行演化,而是本着互利共赢的原则并结合不同地区及区域整体的功能定位和产业发展需求,找到一条能够发挥各自产业内在优势并逐步形成特色产业的合作发展道路,从而使区域经济成为一个有序运转的有机整体。

从区域协同发展的内涵出发,产业协同发展的目标需要资源、服务和市场三方面的协同[193],即实现产业相关的资源协同、服务协同和市场协同。

(1) 资源协同。资源协同主要体现在两方面:一是禀赋资源协同,立足于各区域的自身发展基础和资源禀赋,因地制宜对产业链进行合理化分工,使得区域内各产业从竞争高投入、高产出的产业资源,转变为资源友好型产业的合作共享,从而形成资源集约、产业集聚、区域共同发展的新格局;二是科技资源协同,通过区域间协同合作,发达地区可以为科技资源匮乏地区提供先进的技术支持,从而提高其他生产要素的利用率,此外,通过区域间人才沟通,发达地区也可以对落后地区企业在技术创新过程中的特性问题提供针对性指导,有助于解决其发展过程中的瓶颈问题。

(2) 服务协同。服务协同应以促进公共基础服务均等化为重点,同时也是实现区域协同发展的重要手段。公共基础服务均等化有利于增强落后地区发展的基本物质保障,间接推动落后地区产业发展。

(3) 市场协同。市场协同强调根据整体、协调、平衡的发展原则,逐步减轻甚至消除不同区域之间的市场分割,使得区域间市场融为一体。从这一角度来看,产业协同的目标与前文系统论视角下产业融合的目标具有内在一致性。

2019 年 4 月,《中共中央 国务院关于建立健全城乡融合发展体制机制和政策体系的意见》提出要搭建城乡产业协同发展平台，培育发展城乡产业协同发展先行区，推动城乡要素跨界配置和产业有机融合。城乡产业融合并非以农村产业变革或城市产业发展为唯一重心，而是将城乡视作统一整体，在彼此互利共生关系中促进产业深度融合。换句话说，城乡产业融合系统的形成是以城市、农村产业协同发展的方式进行的。具体而言，城乡产业融合以产品、技术、制度及市场为"桥梁"，各经营主体有选择地介入城乡产业的生产、加工、流通及销售环节，不断促进农业和城市产业融合经营，最终实现农民增收与城乡产业协同发展。

基于以上分析，本节总结出了如下所示的城乡产业融合发展系统内涵：城乡产业融合系统是在开放产业系统中，城市与农村产业通过协同合作而形成新兴产业的过程。

6.2 城乡产业融合发展系统的要素与结构关系

城乡产业融合的本质是农业逐渐与城市二三产业深度融合，通过产业融合后的"内部一体化"逐步取代"市场组织"，最终把市场交易内部化，节省交易成本。从现有发展模式来看，城乡产业融合往往是基于农业生产经营体系，逐步把城市产业的技术和管理经验渗透到农村产业发展过程中，提升农村产业的技术、服务和管理水平[196]。将城乡产业视作一个系统，那么城乡生产要素条件、市场需求条件、农业经营主体、农村产业基础，以及制度与政策因素将是城乡产业融合系统的构成要素[197]，其互动关系则构成了城乡产业融合的运行机制。

(1) 城乡生产要素条件

城乡生产要素包含两个部分，一是城乡自然条件，包括城市和农村本身所处的区位，以及与城乡区位紧密相连的土地资源、交通条件、劳动力以及生态环境等；二是城乡基础设施条件，主要是经过人为修缮后的道路交通条件、经过教育培训后的人力资本等因素。

对农村地区而言，土地是农村产业发展的核心基础[197]，而且土地对城市产业发展的重要性远不如农村地区，因此农村土地在农村产业融合过程中起着更为重要的作用。一方面，土地能为农产品的生产提供最直接的要素；另一方面，农村土地为城市企业提供了更为广阔的工业生产基地。企业可以在农村建立生产工厂或工业基地，从而将城市产业的生产环节放在农村进行。通常而言，越靠近城市的农村区域，越有可能依托其区位条件享受城市发展带来的知识和资本溢出，从而更容易发展都市型农业和现代农业。

资本是城乡产业发展的重要生产要素资源。与农村相对分散的发展模式不同，城市侧重于集聚发展，更容易产生范围经济和规模经济，从而带来更大的资本收益率。因此,相对于农村地区,城市对资本要素的吸引力更强,这也间接导致了农村产业在发展的不同阶段或多或少地存在资金短缺等问题。但与劳动力和土地要素不同的是,资本具有很好的空间流动性,若想发展农村产业,提高资本流动性是一个很好的选择。特别地,近年来,随着乡村振兴等战略的实施,农村对资本的吸引力正逐渐上升。资本流入产业类型相对单一、产业转型升级欠缺动力的农村产业则有利于缩小城乡产业的禀赋差距,从而为城乡产业协同及融合发展提供动力。

人才资源往往附带技术和知识,因此可以认为是推动城乡产业融合发展的第一要素。由于户籍制度的限制及公共基础设施在城乡之间的差异,人才资源在城乡之间难以实现自由流动,这便进一步加剧了城乡产业结构差异,不利于城乡产业融合。近年来,随着城市资源的日益饱和,城乡要素流通渠道的逐渐畅通,人才资源开始出现由城市回流农村的现象。人才的流动既有利于农村居民进一步了解城市市场需求、扩大农村产业规模,也有利于城市产业下沉农村市场,实现城市产业和农村发展的交汇。

产业融合的前提和基础是不同产业之间的技术融合,而技术融合可以通过技术扩散、渗透和创新实现。构建以城市为主体的先进农业技术、信息技术、生物技术和互联网技术等技术支持,可以加速城市先进技术扩散到农村产业发展中。此外,城市技术也能在城乡产业融合过程中根据农村居民的消费偏好,优化技术水平、丰富技术应用场景,使得城市产业的技术创新能力得以提升。

（2）市场需求条件

城市产业与农村产业的融合需要市场需求拉动,这一需求主要体现在国内市场需求和国外市场需求两方面。

市场消费需求的变化是产业融合得以产生的根本动力。一方面,随着物质生活的丰富,城市居民对健康、绿色产品的需求日益增长,对于乡村旅游度假等休闲方面的需求也开始涌现,这一市场需求的变化为农村产业价值链的优化提升提供了根本动力。伴随着城市居民消费需求的改变,城市的制造业、服务业等也自发参与到农产品加工、销售服务等环节,推动了农业产业链延长,同时促进了城乡之间产业供应链的完善。另一方面,我国新农村建设、乡村振兴等战略的实施积极拉动了农村经济的内需[198],使得农民对于城市科技产品或服务的需求也出现了增长,城市产业也有向农村地区扩展的迹象。

从带动农业经济增长的需求来源看,国内需求是主体,外部需求是补充。随着改革开放的深入、我国国际地位的提升和“一带一路”等国家战略的实施,外部需求对我国农村经济发展的影响也将越来越大,有利于我国农村地区通过引进国际标准和先进技术来促进农村产业与二三产业融合发展[199]。从这一角度来看,我国应增加深加工农产品出口,大力发展环境友好型的绿色农业与跨境电商,完善农业出口市场的相关制度和体系。

（3）农业经营主体

农业经营主体主要涉及传统农业经营主体和新型农业经营主体两类。前者主要以小农户或家庭农户为主要单位，而且因为“大国小农”这一基本国情和农情，所以小农户占我国农业经营主体的绝大多数。在传统的农业生产过程中，农户作为农村的初级生产要素，在产业融合的过程中拥有其不可替代的作用。小农户可以通过发展庭院经济、直接生产农产品等方式完成农业产业的价值创造。后者则包括家庭农场、农民合作社及龙头企业在内的社会化服务组织等多种类型。城乡产业融合的本质是将城乡之间的产业经济活动成本内部化。由于农户具有分散性，在城乡产业融合过程中单纯依靠农户个体的力量难以完成农业的集约化生产，无法起到降低市场交易成本的作用。因此，需要在农村产业发展过程中引进企业组织架构或企业管理模式，并强化农业科技创新能力建设，完善现代农业生产体系。

（4）农村产业基础

相比于城镇经济，农村产业结构相对单一，主要依靠第一产业为支柱产业。由于农业对经济增长的贡献有限，仅仅依靠农业发展很难吸引劳动力、资本和技术进入农村地区。近年来，以农产品加工为主体的农村第二产业发展，以及农业与旅游业相结合的休闲农业、乡村旅游发展，不仅显著提升了农民的收入水平，而且还可以通过创造大量的就业机会吸引人才、留住人才。这说明将城市产业与农村产业相结合，有利于改善农村产业基础薄弱的困境[200]。与此同时，这也说明了另一个问题，只有本身具备开发价值或良好生态环境的农村产业才适合发展农业生产性服务业。因此，农村产业基础既是促进农村产业与城市产业融合的因素，也可能成为制约农村发展的因素。

（5）制度与政策因素

城乡产业融合发展需要以相应的制度与政策作为外部环境。城乡产业融合不仅仅是一二三产业之间的融合，也是各个经济主体之间社会关系的融合。单独依靠市场的作用难以有效协调各利益相关者之间的关系，而是需要在政府的宏观把控与协调之下，发挥“有为政府”与“高效市场”相结合的优势，合理分配资源，协调各方关系。例如，我国农村产业融合过程中需要在制度或政策层面统筹好土地产权制度和农业经营制度等问题。其中，农地产权制度涉及农村土地的所有权如何分配、使用权如何配置以及收益如何分配等问题，农业经营制度涉及了“谁经营”和“怎样经营”的问题等，这都需要政府出台相应的政策和制度进行完善。此外，城乡产业融合发展过程中也需要制定一系列制度措施来保障农民的合法权益。例如，设定农产品最低价格，完善针对企业的反垄断措施，完善普惠金融制度，出台人才返乡、科技下乡等激励机制。

6.3　城乡产业融合系统的构建和完善

城乡产业融合的目的应当是同时实现资源协同(包括城乡禀赋资源协同和城乡科技资源协同)、服务协同和市场协同。为实现以上目标,有必要构建相应的生产、技术、市场和制度体系,以消除城乡产业融合的制度因素,促进城乡融合系统的形成。

6.3.1　城乡生产协作体系

城乡协调发展,依赖于一个综合考虑工业与农业、城市与农村协调发展的机制的建立[201]。城乡之间的分割,从经济学的角度上讲,是要素流动受阻的结果,而制约要素流动的主要原因则是城乡有效分工与协作体系的缺乏。一个可行的思路是:充分利用现有的城镇网络,不断深化城镇之间、城乡之间及农村内部的分工体系,构建城乡生产协作体系,形成城乡互动、融合发展的局面。

生产协作体系又称生产协作网络,是区域间经济协作的一种特殊类型,它是指地理位置不同的经济主体为促进双方经济协同发展而形成的生产合作网络[202]。目前,我国城乡间的分工协作和专业化程度较低,小农经济在农业生产上“各自为政”,难以形成规模化和专业化生产。此外,农业生产条件差、科技含量低、农产品生产销售的渠道不畅通等问题也使得农业价值得不到很好的体现,使得农业劳动力的价值和价格被进一步扭曲。在此情况下,建立城乡生产协作体系是城乡产业由分离走向融合的客观要求。在当前的城乡空间区域内构建城乡生产协作体系,可从如下几方面着手。

1. 深化农村内部分工体系

由于土地经营规模小、农产品流通体制不健全、劳动力素质低等原因,我国的现代化农业发展虽有一定的进步,但是和发达国家相比,分工和专业化的深度还远远不够,仍处于较低水平。新时期农业的发展,仅仅依靠政府对农业的支持政策是远远不够的,必须在扩大土地经营规模、健全农产品流通体系、提高农村劳动力素质的基础上,进一步完善农村内部分工体系。

农村内部分工可以在两个层面上展开。一是横向分工,即处于同一序列的不同生产项目之间的分工。从宏观角度来看,其主要是指区域之间的专业化分工,即各个地区根据自己的比较优势,生产相应的农产品;从微观角度来看,其主要指的是农户之间的分工,即农户根据自身掌握的资金、技能等情况进行专业化生产,在某一细分领域内成为种养大户。二是纵向分工,即在产业链的不同环节上进行分工。例如,在农业生产环节、加工制造环节、运输环节及销售环节上培养专业化人才或经济组织。

2. 丰富农村产业经营主体形式

由于农户具有分散性，为降低城乡产业融合中的市场交易成本，需要引入与农村产业相关联的农民专业协会、专业合作社等经济主体和中介组织作为产业系统中的参与主体，从而丰富城乡生产协作模式。具体包括如下两种形式。

一是龙头企业带动型农村产业融合模式。这种模式一般以企业和农户为市场参与主体。其中，企业大多是大型公司或集团企业，其功能主要包括农产品加工、运输和销售，同时提供相关市场服务。农户向企业交售优质的产品，企业进行加工、出售制成品。这种模式的优点在于农户和企业在交易过程中能逐步实现市场价格机制，在无形中实现农村市场（负责生产农产品）与城市市场（负责消费农产品加工品）的融合。同时，这种模式适合于农村禀赋资源不足的情况，农户只需负责生产农产品，而无须考虑产品销售渠道的问题。然而，这一模式的缺点也十分明显，一方面，由于农产品市场竞争程度较高，企业可能会凭借自身地位而确立其买方垄断的市场地位，因而农产品的价格机制如何保障是这一产业融合模式需要注意的问题；另一方面，如何联结企业与农户，也是这一模式需要注意的事项。

二是中介组织带动型农村产业融合模式。这种模式主要以龙头企业、农户和中介为市场参与主体。其中，中介指社会合作经济组织、专业合作经济组织、供销合作社等形式各样的合作经济组织。该模式具体的运作方式是：企业通过支付佣金的方式，委托中介组织对农产品进行收购，中介组织在去除相关成本之后，亦能根据其交易额返还给农户利润，或与农户进行分红。这一模式的优点是：中介组织通常由农民自发组织，能充分调动农民的积极性，实现农业生产的规模经济。

3. 加强城乡间生产性分工与合作

从分工的角度来看，中心城市位于核心地位，能够积极推动区域内城市间分工协作关系的不断深入和加强。中心城市周边的城镇，应有选择地吸纳中心城市转移出来的制造业等生产性部门。农村在农业发展的基础上，可以适当地促进以特定农产品生产为中心的农村工业体系的发展，把农副产品加工、储藏、运输类企业作为发展重点和主攻方向，延长农业产业链条、扩大农村就业容量、获取农业的高附加值。具体来看，城乡之间的产业协作可从以下几方面进行。

一是城乡工业协作体系。城乡工业协作体系主要包括总部经济模式和城乡产业转移模式。其中，总部经济模式通常是指企业将总部设置在城市地区，负责研发、决策、行政和销售职能；将生产基地设置在农村地区，负责生产加工功能。城乡产业转移模式则是指城市中的工业企业将部分生产环节或整个生产线搬迁到城郊和农村，或者城市企业入股、收购农村工业企业。

二是城乡服务业协作体系。城乡服务业协作体系最常见的是城乡旅游业合作，具体是将乡村特有的自然历史资源与城市成熟的旅游管理方式进行整合。例如，在城市近郊开展的田园休闲型旅游合作、在城市远郊进行的农事体验型旅游合作，以及在农村风景区衍生出的乡村旅游型合作等模式。

三是城乡一二三产业协作体系。其主要是指在新技术的渗透发展下，催生了一大批一二三产业交叉融合的新业态、新模式。例如，电子商务、现代物流与农业的深度融合诞生了大量的淘宝村，这不仅解决了因区位劣势、信息不畅等造成的农产品滞销问题，又带动了农村包装、物流、运营等相关行业的发展，而且还借助电商平台实现了从农业生产到最终消费的跨行业、跨区域的融合互动。

6.3.2　城乡技术协作体系

技术协作可以沟通和加强地区间、部门间及城乡间的技术经济合力，产生一种新的生产合力，有助于提高技术水平[203]。当前，我国城乡之间的技术水平存在巨大差异，一方面体现在农村地区缺技术、少人才的现象较为突出，而且农村缺乏技术创新的内在条件；另一方面则体现在部分城市技术在农村产业中未找到合适的应用场景，即科技与农村产业的结合程度不够。此外，城乡之间缺乏相应的技术推广和技术服务体系，这也在一定程度上制约了城乡技术协作水平的提高。因此，有必要建立城乡技术协作体系，促进城乡技术成果应用于农村自身技术水平的提升。

技术协作体系是不同地区的企业之间通过纵向或横向的相互联系，并进行空间集聚而形成的产业组织形式，其能够为区域内微观经济主体提供协同创新和合作创新平台，并使企业能共享技术成果[204]。城乡融合发展使得农村逐渐摆脱了单一农业生产经营的困境，各经营主体对农业科技的需求也逐渐从种养技术扩大到加工制造、物流仓储、营销宣传、旅游休闲等新环节和新领域的技术。农业现代化与农村产业发展必须依靠科学技术，而且构建城乡技术协作体系对提升农村技术创新效率、实现城乡产业融合具有重要意义。城乡技术协作体系的构建应实现两个方面的目标：一是加速农业科技成果产出，二是推动先进农业技术应用于农业生产[205]。

由于资本、人才等生产资源多集中在城市，同发达国家一样，我国农业生产技术的研发阶段也多由城市完成。但与国外不同的是，现阶段我国的科研推广体系以政府公共部门为主[206]。这种政府主导型的农业推广体系导致多数农业科技成果不能直接应用于生产，而只能停留在基础研究阶段和实验室成果阶段。另外，有相当一部分科技成果偏于产中研究，而缺乏产前与产后的配套研究。总之，部分科技成果大多能体现出较高的学术和技术水平，但多缺乏与之相配套的常规技术及工艺技术，很难转化为生产力[207]。此外,缺乏必要的农村技术服务部门或机构,也是我国城乡技术协作体系与国外的重大区别。

从我国当前的农村科技发展现状来看,本章认为构建城乡技术协作体系可从以下几方面考虑。

1. 创建农村技术服务体系,提升农村技术发展水平

一是重视农业科技园区的建设工作。一方面,将农业科技园区与城市高新技术园区建设置于同等重要地位,并放大农业科技园区的功能效应和政策效应,助力农业科技园区向农业高新区转变;另一方面,各地区之间可组成"农业科技园区协同创新战略联盟",按照"产业化""生态化"的要求,引导园区向优质农产品经营产业化、农产品加工高效化、农业设施规模化和专业化发展,将农业科技园打造成符合本地特色,同时具有带动示范作用的新农村发展平台。

二是推广农村科技服务超市的建设。农村科技服务超市是江苏省在全国率先探索建立的农村社会化科技服务新模式。借鉴现代商品超市的理念,农村科技服务超市将品种、技术、成果信息等科技要素进行整合,可以为"下单"农户提供技术培训、农产品和农资产品的交易指导等服务。由于农户独自引进新品种、新技术的投入比较高,"超市"集中供应则具有价格优势,且能为农户提供更大的选择面。但这一模式的成功依赖于乡村人才、网络、品牌等因素的发展,目前更适合在经济发达地区的农村开展。

2. 完善产学研用科技创新合作体系

以涉农高校院所为主力军,协调企业、社会机构等展开合作,构建农业科技创新平台,加大关键技术与共性技术的研究与攻关。一是开展科技帮扶活动。重点采用"专家+定向农村""科研院校+定向农村"的形式,同时鼓励企业提供资金支持与技术协助,而科技创新成果则由高校、企业及政府共享,从而推动高校科研资源和企业资金资源合力解决农村实际问题。二是探索农业产学研合作项目的绩效激励机制。地方政府每年对在本地实施的农业产学研合作项目进行择优扶持,并根据实际成效对项目所依托的高校院所进行绩效奖励,鼓励高校院所更好地服务农业发展。三是培育一批新型经营主体和创业基地,推动科技示范与创业深度融合。例如,农业科技人员可以采用投资入股或者技术入股的形式,与农民、农企建立利益共同体,并以企业运作方式服务农民。

3. 推动现代互联网、电子商务与现代农业融合

互联网信息无界开放的优势可以消除农产品市场的信息不对称,既有利于农产

品供需双方的快速对接，又有助于农产品通过物流增加附加值。通过电商拓宽新市场、发展现代互联网，以及推动涉农电子商务发展是科技助力农村产业的重要形式。具体可从以下几方面着手。一是设立专门机构整体谋划和统筹农业电商发展。电子商务产业的发展是一个复杂的系统工程，由于农村部门现代化管理水平落后，相应的科技管理人才不足，仅依靠自身力量难以充分发挥电子商务对农村产业的促进作用，有必要以政府的名义组建专门的农村电子商务部门，以整合各方资源并依托农村电子商务发展做好城乡产业统筹谋划。二是支持打造规模化、规范化的冷链物流体系。传统的农村产品销售多是应季销售，在电子商务平台的加持下，农村产品需求量增加，农村产业将产生巨大的物流输送需求，因此有必要完善农产品的冷链物流形态，做好农产品的保鲜、存储工作。三是支持打造农产品安全检测中心。互联网的发展带来农产品供需市场的信息不对称，通过建立农产品检测服务中心，与国内外权威机构进行合作认证，把控好农产品的质量安全关，能够很好地维护和提升农产品的品牌形象。四是支持银企联动提供配套信贷资金。对农村电商发展予以信贷支持，有利于扩大电商发展规模，促进农村产业加速实现“农业+科技”的发展模式。

6.3.3　城乡市场协作体系

长期以来，由于制度及历史性原因，我国城乡市场一体化难以真正实现。随着城乡协同发展战略的推进，我国城乡市场一体化建设取得了一定成效，但仍存在一定程度的市场分割现象。一是城乡市场主体的不平等。从城乡市场主体的交易能力来看，城市的交易主体是通过企业这一组织化的方式来进行的，产品的购销市场是统一的，交易能力比较强；农村则是以组织化程度比较差的农户来进行交易，而农户在市场交易中通常处于弱势地位，难以以平等的市场主体参与产品交换。从城乡市场主体的业态结构来看，由于城市的市场发育程度高、市场基础设施条件好，新的市场业态结构不断发展，连锁经营、电子商务等现代商贸业态早已成为城市商业形态的主流；农村地区的商业模式却一直没有明确的业态定位，并且大多数地区仍然遵循传统的业态结构[208]。二是城乡市场购买能力的不平等。城乡之间收入的巨大差异导致了城乡之间购买能力的差异，进一步强化了城乡之间的市场规模和市场结构差异。总之，为实现城乡市场一体化发展，构建城乡市场协作体系具有重要意义。

既有文献并未对市场协作体系的定义进行研究，本章从城乡融合的内涵出发，对城乡市场协作体系作了以下定义。市场协作体系是指城乡产品和要素流通的一体化体系，构建城乡市场一体化的核心在于完善城乡间产品价格的形成和调控机制，降低城市和农村间要素和产品的流通成本。结合城乡市场发展现状及差异，本章尝试从以下角度构建城乡市场协作体系。

1. 建立健全城乡流通网络体系

第一,通过给予下乡企业政府补助的形式,在农村地区引入城市零售网络和批发网络。这既可以使农村与城市零售网络共享消费品采购与配送系统,助力消费品进入农村市场,又能够促使城市消费品与农村产品共享采购与配送系统,实现农产品进入城市市场。第二,大力发展电子商务和第三方物流。电子商务对物流信息进行处理能够有效连接城乡之间产品供给与需求。第三,鼓励商贸流通企业通过并购、重组、上市等渠道提升资源整合能力,形成覆盖城乡区域的一体化物流网络。第四,整合农村的专业商品市场,在农村地区建立起较大规模的商贸物流中心,同时加大对农产品仓储、配送、冷链等基础设施的建设力度。

2. 培育农村流通主体

一是推进供销合作社改革。农村供销合作社是农民自愿筹资建立的合作经济组织,承担着帮助政府调控农村流通市场、扶持农民进入市场的特殊职能。在城乡融合背景下,供销合作社可以代表农户对接加工、销售企业,并从农民利益角度出发与企业进行价格谈判,促进本地产业从生产、加工到销售的一条龙经营。同时,供销合作社也可以积极为农业、农村、农民提供综合性、系列化的服务,有序引导农民有组织地进入市场。

二是壮大新型合作组织。探索推广"城乡超市"和"农村生产基地""农村流通合作经济组织""农村批发市场"等相结合的模式,这在降低城市超市批发成本的同时,也有利于促进城市企业通过开设连锁超市的方式进入农村市场。

三是促进商贸流通业与农村产业的融合互动。一方面,积极引导农产品市场、流通企业和餐饮企业到农村建立种养基地、兴办农产品加工厂,带动农业产业化经营,加快农产品流通,促进农民增收致富;另一方面,鼓励通过发展乡村休闲旅游、乡村农家乐、餐饮娱乐和旅游商品市场等途径实现城市商贸与农村旅游业的联动。

3. 着力提升农村产业品牌效应

一是塑造农村专业特色市场优势。本地及周边地区的政府可以组建战略联盟,围绕农村特色产业高质量发展和农产品品牌提升,共同组建特色产业综合交易中心,并合力完成交易设施、仓储设施、物流配送、质量检测、追溯体系、电子商务、市场培育、服务管理及风貌改造等方面的建设,提升农村特色产业品牌营销力。二是支持发展冷链物流设施,支持大型流通企业、产业化龙头企业、农民合作社以及家庭农场建设一批功能设施完善、经济效益良好、紧密衔接市场的冷链物流设施,同时开展以冷链为核心的供应链体系建设。

6.3.4 城乡服务协作体系

城乡融合发展离不开城乡基础设施服务保障和政府政策支持。城乡服务协作体系是指通过城乡一体化公共服务建设,促使城乡公共服务系统由失衡向均衡转变,进而保障政府、企业、社会组织、金融机构以及农民合作组织等主体有序联合、整合资源,共同促进农村产业的内生发展[209-210]。城乡服务协作体系可以理解为,在公共服务建设过程中,政府利用政策引导,吸引多个主体加入公共服务一体化过程中,协同多个治理主体共同制定公共服务一体化方向,依靠社会组织反馈公民意愿并寻求最优的配置模式。在这个过程中,要吸纳与城乡服务一体化建设相关的利益主体,统一各方意愿,实现利益趋同。同质的利益导向是城乡服务一体化协同治理的首要前提。在吸引多个治理主体加入城乡服务协作体系建设后,需要对各方主体进行授权并制定规则,特别是要明确市场、社会组织、公民在城乡公共服务一体化建设中的职责。比如,由政府对公共服务设施的配置标准提供方向性指导,并制定公共服务设施配置方案;由市场生产并提供公共服务设施;由社会组织对公共服务设施的配置工作进行跟进和维护;公民则是公共服务设施的使用者和信息反馈者。值得注意的是,政府及其他治理主体间需要进行相互监督和评估。构建城乡服务协作体系,本章主要从以下几方面着手。

1. 优化城乡公共服务供给机制

打破政府"单中心"供给模式,引入市场机制和社会力量,重新构建以政府供给为主导、多主体共同参与的新型农村公共服务协同供给体制。第一,政府要明确其职能定位,充分发挥其供给主导作用,借助其公共权威和支配性,制定相关的法律法规制度,为市场和其他主体的参与设置相关准入条件,保障农村公共服务的供给质量。第二,政府的角色应更多体现在对一些与农民生产和生活领域息息相关的公共服务的供给上,其他部分的公共服务供给则采用合同外包或出租的形式交由市场或社会力量来承担,通过市场化和社会运作协同供给的形式来弥补政府财力的不足。第三,鼓励非政府组织或企业、农民自组织等其他社会组织依托其贴近基层的优势和强大的群众基础为农村公共服务的供给提供资金和后援保障。

2. 完善城乡公共服务的基层保障机制

转变以往上传下达的固定模式,调动公民参与公共服务一体化建设的积极性和主动性,发挥人民群众的主观能动性,切实深入基层,以基层群众力量推动地方政府公共服务建设工作前移。倾听群众意见,从群众中来到群众中去,切实有效地为人们提供生活所需的公共服务，完善以需求为导向的公共服务供给模式。农村公共服务供给的有效性应以满足农民的合理需求为依据，但由于农民表达诉求渠道缺乏及农民和政府部门间存在信息不对称，政府公共服务供给容易脱离农民利益诉求，因此需要完善村民的公共服务需求表达机制。具体可以通过发展农村社团组织的形式，搜集农民利益需求，同时健全村务公开和民主议事制度，完善农民对政府工作的监督机制。

3. 建立制度化沟通渠道和公平公正的治理平台

激发地方政府协同治理的沟通环境或机制，为共同参与公共服务一体化协同治理构建公平公正的平台。将治理责任赋予各个社会力量，助力实现治理的公平性；完善地方政府的政绩考核体系，特别是要优化地方政府公共服务绩效机制与公共服务供给机制；增强地方政府的创造力，创新公共服务资金筹措机制，不仅争取国家的资金扶持，更大程度上也要借用其他领域的资金储备为公共服务和社会生活提供保障；省级政府需促进财政资金转移，适当放权给下一级行政主管部门，分担政府的供给压力，提高县级政府提供公共服务的能力，均衡分配城乡公共服务建设的资金；以项目制作为公共服务供给提供新体制，提升地方政府的"抓包"能力。

4. 优化市场规则，健全市场机制

加快建立和完善市场准入机制，县级政府应为公共服务一体化市场机制的建立提供政策支撑和活力导向。增强项目承包试点工作，先由一个示范点逐步推进，同时发挥政府的督导作用，监督市场在公共服务一体化建设过程中的参与及项目实施效果，保证全程参与运营过程。例如，及时跟进公共基础设施的保养和维修以及医疗卫生设施的更新等。明确市场责任机制，对于该放手的资源控制权，大胆交由市场来调配，并对调配过程中产生的效益与成本负责。对于因不可抗力因素导致的非预期性成本，市场有权向国家争取补贴，以保证项目的高效高质完成率。此外，还应对各个行为主体之间利益趋同机制进行完善，最大限度减少利益冲突对协同治理过程的干扰。

6.4 本章小结

既有文献对城乡产业融合的定义存在些许不足之处。首先，本章基于系统论和区域协同的视角对城乡产业融合及城乡产业融合系统的内涵进行了重新界定：城乡产业融合并非以农村产业变革或城市产业发展为唯一重心，而是将城乡视作统一整体，在互利共生关系中促进产业深度融合；城乡产业融合系统是城市与农村产业相互竞争、协作与共同演进而形成新兴产业的过程。其次，本章将城乡产业视作一个系统，进而对城乡产业融合发展系统的要素及结构关系进行了梳理，指出城乡生产要素条件、市场需求条件、经营主体结构、产业基础和制度政策环境均是城乡产业融合系统的构成要素，且其互动关系构成了城乡产业融合的运行机制。最后，本章从城乡产业融合系统构建的目的出发，分别尝试从生产协作体系、技术协作体系、市场协作体系和服务协作体系的角度对城乡产业融合系统进行完善。

第 7 章　城乡产业融合发展机制设计

现阶段,我国探索出了多种城乡产业融合发展方式,衍生出了新产品、新业态及新模式,新型经营主体不断发展壮大且联结更加紧密。然而,我国城乡产业融合发展水平仍有待进一步提升,目前还存在一些发展上的制约因素,其根本问题则在于机制不畅。因此,在我国大力推动乡村振兴的战略背景下,构建城乡产业融合发展机制可为推进我国城乡产业融合和发展方式转变奠定基础。

7.1　城乡产业融合发展机制的内涵、目标与构建原则

7.1.1　城乡产业融合发展机制的内涵与目标

城乡产业融合发展机制研究的是产业融合形成和发展的机理,其中的运行体系主要包含以下 3 个方面。

一是产业融合的构成要素。从融合主体角度来看,微观层面上包括农户、企业、专业合作社及社会资本等参与主体;中观层面上为三次产业;宏观层面上涉及政府制定的城乡产业融合发展政策[211]。从要素角度来看,其不仅包含土地、资本及劳动力等要素,还涉及技术和金融等要素。二是构成要素的联系与制约,主要涉及契约和产权关系等。三是保障功能。构成要素因相互作用而产生不同的功能,这有助于城乡产业融合的发展。

综上,城乡产业融合发展机制是构成要素之间相互作用并促进产业融合发展的各类功能的总称。城乡产业融合发展成效很大程度上取决于城乡产业融合发展机制是否完善合理。该机制构建的目标主要包括以下四点:一是提高农村产业融合的发展水平;二是培养一批融合能力较强的新型经营主体;三是产业融合主体之间联结紧密;四是对农民收入增长的贡献率明显提高。

7.1.2 城乡产业融合发展机制设计的基本原则

1. 立足农业，惠及农民

在推动城乡三次产业的融合过程中，要突出农业的基础性作用，须重点解决以下关系：农业与其他行业、农民和其他各类生产经营主体的关系。为了避免因下游产业链具有更高的收益率而造成用于农产品发展的生产要素流失，必须将产业整合限制在乡村地区，以避免因“逐利”而导致的过多资源要素向第二、第三部门流动。产业融合应以农业为核心，同时吸纳第二、第三产业的主体，确保农业在国民经济中的基础性作用。在产业融合中，重点是对利益连接的方式进行革新，对农民进行主动引导，保证农民可以获取利益。在经济全球化背景及经济利益的驱使下，新型市场参与经营主体往往存在着生产管理上的“非农化”倾向，背离了产业融合的发展目的。为此，必须健全约束体系，从制度上规范参与主体的行为。

2. 因地制宜，有序推进

我国幅员辽阔，各地区不仅在地理区位、资源禀赋上存在差异，而且工业发展方式也不尽相同，使得发展基础各异。鉴于此，我国在统筹城乡发展时，应杜绝“一刀切”，而要遵循因地施策的原则，特别是要结合各地区的比较优势，采取差异化发展的方式。例如，四川省立足于“农家乐”的历史发展基础，依托其深厚的农耕文化底蕴和较为丰厚的绿色生态资源，推动了农旅结合，并助力了休闲农业的开发推广。

3. 产城互动，合理布局

推动农村产业融合的先决条件是要实现城乡间要素的自由流动。我国经济发展增速较快，不仅人力资本、社会资本等生产要素多集中在大城市，而且大多数的制造业、服务业也聚集在城镇地区。若要打破单纯依赖农业内部进行产业融合发展的限制，则必须坚持开放与整合，将城市的要素优势发挥到极致，并与乡村的生产要素相融合，以补齐农村产业发展的短板。当前，中国已经步入了城乡统筹发展的新时期，所以在推动城乡产业融合发展的过程中，必须全面考量城乡关系的巨大变革，合理规划产业的空间分布格局。

4. 创新驱动，激发活力

城乡产业融合发展不仅体现了产业可持续发展的内涵，其也是微观经济主体追求利益最大化、进行技术和制度创新，进一步催生新技术、新业态和新模式的过程。

因此,进行体制机制改革、消除制度和政策障碍、减少对经营主体的约束,以及激发微观经济主体的创新活力对产业融合起到了关键作用。在创新驱动下,微观经济主体推动产业链延伸、挖掘农业多功能性、强化技术扩散,并运用现代管理理念和技术对传统农业进行改造,从而实现城乡产业融合。

7.2 城乡产业融合发展机制构建的基本模式与逻辑

7.2.1 城乡产业融合发展机制构建的基本模式

1. 发达国家的城乡产业融合发展机制构建的基本模式

发达国家的城乡产业融合发展机制构建的基本模式主要有两种:一是市场演进型模式,二是政府推进型模式。具体如下。

(1)市场演进型模式

市场演进型的构建模式指的是在产业融合形成和发展过程中,市场是内生变量,产业融合各构成要素在市场机制的支配下,相互作用、联系与制约并实现相应的功能。与此同时,政府是外生变量,不直接干预产业融合的形成过程,只起到组织协调和保障作用,以弥补市场失灵。其中,政府的相关举措主要涉及公共服务供给、优化制度体系、增强市场监督及营造公平竞争环境等。这种模式多见于市场体系比较发达、技术比较先进的国家。

以美国为例,美国的现代化农业不仅包含农业产前、产中、产后这三个重要环节,而且涉及工商业、工业生产、信息技术及金融服务等部门。即美国市场经济体系比较发达,实现了要素市场和农产品市场相互促进、共同发展的格局。美国的农户多自行开办企业,通常根据市场行情进行生产、加工和流通,具有较强的市场竞争力。不仅如此,美国农业的社会分工也比较发达,从农业生产要素供应到生产、加工和销售等环节均由专业公司完成。正是由于美国农业具备技术含量高、市场体系完善、农户竞争力较强的特征,在农业与相关产业融合的过程中,农业能够在市场信号引导下,主动采取新技术、新模式及新产品,不断提升农业生产率。美国政府的主要作用是为农业发展提供法律保障和社会化服务。20世纪以来,美国出台了一系列产业发展方面的法律,横向上涉及种植、畜牧、水产、林业等部门,纵向上包含生产资料供应、运输、加工等环节,同时对信贷、税收及合同等服务都有明确立法和规定。在公共服务方面,美国重视并增加了对涉农项目培训、技术推广等方面的财政投入,逐渐形成了多部门协作的高效社会化服务体系。

(2)政府推进型模式

政府推进型的构建模式指的是政府直接干预城乡产业融合形成和发展的过程。

在这个过程中，政府的政策和措施属于内生变量。政府的引导和推动增强了产业融合的动力，城乡产业融合各构成要素得以在政策和制度的支配下，相互作用、联系和制约并实现相应的功能。

以法国为例，法国的农业产量及产值不仅在欧洲占据优势地位，而且其农产品出口份额同样处于全球领先地位。法国农业经济取得如此发展成效，离不开政府的推动作用。第二次世界大战后，法国国民经济基本瘫痪，农村凋敝并出现了空心化现象，而且农业技术落后、土地经营分散及劳动生产率低下的问题也比较突出。为促进农业农村发展，法国政府出台了一系列促进农业发展的政策。尤其是 1950 年后，为促进第一产业与服务业融合，拓宽第一产业增值空间并带动农民增收，法国开始推行"农村家庭式接待服务微型企业"战略。例如，法国财政机构直接资助传统农居的修缮和维护，使其达到家庭旅馆的经营标准。在此战略的实施过程中，政府资助总额占到总投资额的 20%～30%，这极大调动了农户开展产业融合项目的积极性。同时，政府还组织博览会以宣传推介乡村旅游。此外，政府还成立了各类协会组织，为农户提供各类服务。20 世纪 70 年代以来，为促进食品加工业的发展，法国出台一系列政策，鼓励农场扩大生产规模并对农民和农场进行补贴。在政策的激励和支持下，法国在酒类、粮食、奶品、蔬菜和水果等领域实现了产业链延伸，促进了城乡产业融合发展。除此之外，法国政府还直接干预农业生产资料的供应，设定准入制度，保证农民能够以低价格获得质量较高的农用器械。

2. 中国城乡产业融合发展机制构建的模式选择

本书认为，根据产业融合发展规律和我国城乡产业融合现状，我国应该采取"政府推进+市场导向+农户为主体"的模式，理由如下。

一是我国农业弱质性和农户弱市场性，决定了城乡产业融合发展需要政府直接干预。当前，我国农业发展基础仍然较薄弱，农业技术水平相对落后，农业劳动生产率相对较低，导致我国农业发展收益较低。如果借助市场机制来分配资源，那么生产要素将会更多地流向城镇及第二产业、第三产业，这显然对乡村发展不利。此外，类似于涉农企业之类的新型经营主体，其无论是在资本、技术上还是在市场上都优于农户，而农民的生产经营规模一般较小，且在市场中的竞争力较小。鉴于此，我国需要采取政府推进型的模式发展农村产业。一方面，通过政府干预来增强融合主体的内生动力；另一方面，政府的利益协调既可以确保农业增值收益更多地留在农村，又可以鼓励并合理规范各经营主体，有助于构建农业与二三产业融合发展、农民与新型经营主体合作共赢的局面。

二是我国城乡产业融合尚处于初级阶段，还需政府统筹协调。目前城乡产业融合发展水平较低，不具备市场演化型的发展条件。这既需要政府统筹协调，借助政策指引功能，合理安排产业融合发展进程，强化不同地区间的分工合作模式；又需要政府持续制定溢出效应较强的政策制度，增强公共服务的补给，为城乡产业融合发展提供有力支撑。同时，政府应加大对人才培育、技术使用、融资获取等相对弱势领域的支持力度。特别地，还要强化管制，确保产业融合发展的正常推进，构建合理竞争和激励创新的经营环境；健全风险防范机制，建立负面清单，规范引导工商资本等主体的经营行为。此外，还需要大力培育新型经营主体，创新利益联结机制，引导各经营主体与农民进行生产协作，完善农业经营体系，丰富现代农业经营方式。

三是城乡产业融合的发展规律，决定了融合发展机制构建的市场导向性。第一，市场需求是产业发展和成长的前提条件。因此，产业融合必须将市场放在主导地位，由市场来决定其发展方式、发展类型和发展速度。农户、企业等新型经营主体的自主决策权必须得到政府的保护，以确保产业融合的可持续发展。第二，从产业发展规律上分析。在产业发展初始阶段，政府干预能够起到积极支持作用。随着产业发展壮大，市场规律的作用愈来愈强，政府应逐渐退出。政府若在产业发展较成熟时期还依旧过多地干预市场，则会降低要素的配置效率，阻碍产业发展。第三，市场导向与当前中国农村经济体制变革的要求相适应。构建社会主义市场经济体系是我国经济可持续发展的根本要求，其核心在于正确把握政府与市场的关系。当前，我国的市场经济体系愈发健全，市场对资源的基础配置更加有效。一方面应继续发挥政府的辅助作用，另一方面则应彰显市场机制的中心地位。实际上，我国农村的相关改革在宏观层面上也是基于市场导向的，特别地，农业产业化是市场化发展的重要表现形式[212]。

四是我国农业生产经营的基本性质，决定了农民在农业中处于主导作用。1978年后，农民从参与集体经营逐渐转变为独立运作的市场个体[213]。目前，涉农企业、生产大户、家庭农场等各类经营主体迅速成长起来，各类主体不断深化分工协作方式从而衍生出类型多样的经营模式，但无论使用哪种模式，都会受制于农村的基本经营制度。一方面，每种农业生产经营主体的创建及后续发展均无法脱离农民及其家庭，而且还须在家庭生产经营的基础之上进行改革深化[214]；另一方面，传统农民的生产经营本就是以家庭为单位进行的，而且家庭农场等企业组织方式也都是以农民为基本单元发展而成的。特别地，合作社也是由农民自发组织设立的经济联合体。因此，城乡产业融合要坚持农户的主体地位，保证产业融合的正确发展方向。

7.2.2 城乡产业融合发展机制构建的基本逻辑

1. 城乡产业融合发展的基本逻辑

产业融合的实质是把产业间分工转化为产业内部分工协作的动态过程[215]。需要注意的是,融合不代表没有分工,相反,这是一种对分工的持续深化。首先,虽然产业进行内部分工加速了原有两个及以上产业分工的消失解体,但同时也带来了全新产业的内部化协作分工;其次,多种产业通过内部整合形成一种“新”产业,该产业或者与原产业共同发展,或者对原产业进行取代,但无论如何,这都是对全社会内部分工结构进行优化与调整的必经之路。总之,实现产业融合,最为关键的环节是企业之间如何相互作用以实现对社会的分工替代。

在城乡产业融合中,企业与社会内部不断进行分工协作深化,助力了产业分工形态及模式的演进与更新。其中,起到联结作用的是生产经营主体的分工协作。鉴于此,本章将城乡产业融合的发展概括为以下三个层面:微观层面表现为主体为追求利益最大化而采取的融合行为;中观层面表现为主体之间的分工协作及其形成的产业组织;宏观层面表现为三次产业内部化发展导致产业融合。要想深入分析城乡产业融合的基本发展逻辑,必须对微观主体之间的分工协作进行研究。微观主体的分工协作包含四个维度:一是组织维度,即微观主体之间如何形成有效的组织形式;二是利益维度,即微观主体如何实现利益和谐;三是路径维度,即微观主体相互作用的基本路径如何实现;四是环境维度,即微观主体分工协作需要哪些政策制度保障。

基于以上分析,本章认为城乡产业融合发展的基本逻辑是:城乡产业融合的本质是城市和农村一二三产业的分工内部化,其发生机理表现为企业内部分工对一二三产业的分工替代,而微观主体间的分工协作是此两种分工形式相互作用的重要联结纽带。微观主体之间的互动需要从四个维度来分析:组织形式是城乡产业融合发展的重要载体;利益协调是城乡产业融合发展的根本手段;产业链协同是城乡产业融合发展的实现路径;政策制度则是城乡产业融合发展的支撑保障。

2. 组织形式是城乡产业融合的重要载体

在产业融合发展中,微观主体之间相互作用、分工协作形成一定的组织形式或载体。除了之前马克思所研究的企业内部分工之外,产业分工实现内部化并不总是按照产业分工被企业内部分工所替代的这种方式进行。实际上,各生产经营主体之间会重新创建起企业之间的分工协作体系,而这种存在于企业和社会内部分工之间的分工模式被称为“企业社会性分工”。该模式虽具备企业和社会内部分工的特性,但又与其存在明显差异。它们之间区别在于,企业的社会性分工需要多个企业分工协作、共同完成商品的生产及经销。此外,这种分工形式使得内部的企业之间存在一定的经济关系,而在单一的社会内部分工情况下,企业之间的关系由市场机制来协调[216]。

我国微观主体组织形式的发展与农业生产经营主体的变化联系紧密。目前,农业生产经营主体已逐渐由单一农户转向家庭农场、合作社及企业并存的现代产业经营体系。在这个过程中,还不断衍生出了“企业+合作社+农户”等具有社会性分工性质的运营模式。特别地,鉴于以企业或合作社为核心而创建的全产业链,因其内部资源配置依靠的是企业内部的行政权威和命令,因此通常被视为企业内部分工。此外,此类新型企业内部分工或社会性分工通常在市场上占据比较优势。在竞争压力下,当其他企业及大多数经营主体纷纷模仿并采纳这种行为方式时,就会形成产业分工内部化。

3. 产业链协同是城乡产业融合的实现路径

城乡产业融合发展最终会形成何种形式的业态和模式,取决于微观主体的生产经营决策。作为产业融合的基础,当市场需求发生变化时,相关生产经营主体会针对这种变化,综合分析内外部资源条件,并进行预期收益和成本的计算。当产业资源与市场需求相匹配且预期收益超过成本时,市场需求的满足就有了可能。满足市场需求需要提升供给系统,即提升产业链水平。当市场需求的信号传导给生产经营主体时,各类主体按照信号引导会进行有效的反应,从而重新进行资源配置并组织生产经营活动。在这个过程中,产业链发生分解和重构以满足市场需求。

随着生活水平的提高,人们对于农产品的需求不再仅限于传统食物供给方面,而是开始尝试从农业中获得更多服务性和体验性的精神需求。在这种市场需求信号引导下,农业经营主体会尝试将传统农业与康养、文化、旅游等服务业相融合,实现农业多功能拓展,从而满足市场需求,获得相应收益,其本质是农业产业链与旅游等服务业产业链协同发展。当人们对农产品有更高的需求时,农产品加工企业就会引进更为先进的技术进行农产品精加工,其本质是农业产业链的内部协同发展。为了满足现代消费者对于农产品个性化定制的需求,农业生产经营主体会充分利用现代信息技术,实现各类生产经营主体之间的紧密连接和高效协作,提升产业链供给水平,实现对市场需求的快速响应,其本质是农业产业链与高新技术产业的协同发展。

4. 利益协调是城乡产业融合的根本手段

基于微观经营主体视角,城乡产业融合实际上可以归属为一种各类主体在生产经营活动中的聚集行为。需要注意的是,产业融合这一形式本身并非各类微观主体的最终目的,其只是众多主体基于利润最大化原则集中进行生产经营活动而形成的外在表现。外界环境的改变通常会使各主体的生产经营行为充满不确定性,也会对预期收益产生影响。为实现收益最大化的经营目标,主体会尝试对其经营方式和要素资源进行创新重组,从而内部化潜在收益。然而,当主体所运行的新经营模式刚好涉及跨产业、跨行业的生产经营时,这便有助于促进各主体间的原始分工不断深化为企业内部或具有社会性的分工形式,进而有助于推进三次产业的发展融合。

鉴于微观经营主体的利益最大化原则是推动产业融合的内生动力。在具体实践中，微观主体之间可能存在利益冲突。因此，为了使得各主体之间的分工协作实现可持续发展，进而推动城乡产业融合不断进步，还需要采取利益协调手段来解决主体之间的利益冲突问题，以形成利益共同体。因此，若没有利益协调机制，基于“理性经济人”的角度，主体之间难以形成相互分工协作的和谐格局。

5. 政策制度是城乡产业融合发展的支撑保障

从历史逻辑方面考察，城乡产业融合的形成和发展受到政策和制度环境约束。改革开放之后，我国自下而上地展开了一系列与农村经济发展相关的制度性改革。例如，较为典型的家庭联产承包责任制进一步提高了农户的生产积极性和农业生产率。特别地，随着市场化进程开始推进，部分农民逐渐变成具有独立决策能力的生产主体，但此时农村的产业体系与结构依旧比较单一，以家庭为单位进行农业生产依旧是主流。此后，伴随着市场体系的深化改革，小农经济的分散化经营方式已明显不再适应现代农业的生产要求。

农业产业化经营是解决“小农户”与“大市场”之间矛盾的一种新业态经营模式。通过运用信息与生物等新型技术，推进传统而单一的农业生产向现代化新型农业转变，助力实现农业内部的深度分工与融合，从而在更大范围内实现农业与三次产业的深度互动和融合发展。自 2014 年以来，我国出台了一系列政策来支持农村产业融合发展与土地产权制度改革，这使得农业产业链不断深化和拓展，带动了农业农村资源的多功能性扩展和多维增值。同时，互联网技术与生物技术的充分利用进一步提高了农业效益，使得传统农业的产业分工界限不断模糊，新模式与新业态不断和农业进行交叉、渗透、重组和融合，农村产业分工逐渐实现内部化、融合化和多元化。

7.3　城乡产业融合发展机制的构建

7.3.1　城乡产业融合的组织机制

1. 产业融合组织机制的内涵

城乡产业融合组织机制指的是推动城乡产业融合发展的主体及其分工与协作形成产业组织的机理和过程。组织机制的作用在于解决“谁来融合”的问题。根据以上分析可知，微观主体对于利益的追求是推动产业融合发展的重要动力，但这并不是主体采取融合行为的充分条件。主体要将潜在利益内部化，还必须具备足够的能力，既需要生产经营规模达到一定水平，又需要经营管理理念合理科学。在实践中，新型经营主体通常是城乡产业融合发展的重要推动力。

从静态均衡视角来考察,新型经营主体具备“企业家”精神,敢于采取创新行为,对生产要素进行重新组合,将潜在收益内部化。在专业化和集约化的生产过程中,面对市场竞争压力及资源和成本的双重约束,新型经营主体必然引进先进生产要素。随着先进生产要素在新型经营主体中不断扩散,产业融合发展所需要的技术要素问题逐渐得到解决。为了获得组织效率优势,主体会改变以往的竞争策略,进行生产经营模式创新,并和其他主体分工协作以组成企业协作网络,从而创新并完善农业生产分工体系,逐步实现城乡产业融合。从动态发展视角来考察,产业融合的发展水平随着新型经营主体的发展壮大而逐渐提高。由于基本经营制度等外界环境不断变迁,在追求利益最大化的激励下,涉农主体陆续从单一农户转变为农户与新型经营主体共存的局面。微观农业经营主体之间相互作用、相互联系,最终表现为宏观层面上的产业融合发展。

2. 产业融合组织机制的实现方式

由于产业融合组织类型众多,根据产业融合发展实践,我们主要对以下几种主要实现方式进行分析。

(1)企业社会性分工

企业社会性分工的实现方式是经营主体之间通过合同或契约等方式形成不同类型的产业组织方式,助力城乡实现产业融合。与传统市场交易关系相比,建立产业组织可以归类为制度创新活动。例如,在农业生产经营中,具有先进经营理念和管理经验的企业或其他涉农组织一般都是构建农业产业组织的核心力量。现阶段,企业社会性分工模式实现的组织方式主要有“企业+农户”和“企业+农民专业合作社组织+农户”这两种,其中的优势主要是能够降低交易和内部组织成本。一方面,此类模式使用固定性较好的经济联系取代市场交易,有助于避免市场化的组织方式产生较高的交易成本;另一方面,此类模式还能降低企业科层管理组织带来的组织成本。具体而言,首先,对于农业经营主体而言,参与企业社会性分工可通过合同或契约等方式对合作双方的经济行为进行约束,这既有助于提高交易的稳定性,又有助于构建稳定的市场预期。其次,农产品供货方按照合约内容进行生产,不仅降低了交易的搜寻成本,而且还巩固了销售渠道。同时,农产品需求方能够在降低搜寻与交易成本的基础上获得稳定的原材料。关于企业社会性分工模式的缺陷,一方面,由于经营主体之间的合作协定属于不完全契约,所以存在较大的违约风险。特别是当市场价格波动较大时,选择违约获取的收益将高于违约成本。另一方面,考虑到交易双方依旧存在信息不对称,那么处于信息获取弱势地位的农户将难以预料到市场发展趋势及企业所要采取的行动,更容易在博弈中成为利益受损的一方。

（2）企业内部分工

企业内部分工的实现方式是指经营主体以纵向一体化的方式将相关产业的生产、加工以及经销等环节整合至同一生产经营主体内部，即构建全产业链。其中，最为常见的方式为农业企业一体化和合作社一体化。一方面，此方式可以在较大程度上把控产品，缓解由于某生产流程不可控而导致的产品质量问题；另一方面，由一个经营主体控制全产业链，既可以强化上下游产业链的协同作用，又可以有效发挥不同环节分工协作具有的优势。此外，构建全产业链，不仅有助于扩大生产经营规模，而且可以进一步提高经营主体的市场地位。这种模式的缺点主要有以下两个方面：一是对经营主体的资源获取及运营能力具有较高要求，现实中也仅有少数实力雄厚的农业企业才能开展此类经营策略，所以不具备推广和复制的可行性；二是此方式实际上提高了企业科层管理组织的复杂性，既增加了企业内部的组织成本，又对企业的经营管理结构和方式提出了更高的要求。

（3）现代农业产业化联合体

该产业化联合体是各生产经营主体依据优势互补、合作共赢的原则而构建的产业分工协作联盟。在联合体内部，各类主体所处地位和承担的功能各异。一方面，在所有主体中，龙头企业居于核心地位，家庭农场是生产经营的基础，专业合作社则起到纽带连接的作用，不同经营主体的地位相对独立，主要通过签订协议的方式构建利益联盟关系。另一方面，龙头企业在经营市场方面极具优势，其主要承担的功能是供应农资、制定生产标准和销售农产品；家庭农场可以在农业生产环节发挥其在经营领域的独特优势；专业合作社能够在种植、耕作及收割等方面充分发挥其组织和服务优势。与以上三种方式相比，联合体能够强化经营主体之间的平等性，其中的优势主要体现在以下几个方面：首先，联合体可以经由不同主体之间的社会网络而提高各经营主体之间的信任关系，有助于降低交易成本；其次，联合体可通过合理安排各主体进行分工协作，提升协同效应。具体而言，家庭农场既为涉农企业提供了稳定且具有质量保障的原材料，也为农民专业合作社提供了较为稳定的服务对象，而且家庭农场自身也实现了规模化经营。换一个角度，涉农企业和农民专业合作社可以有效缓解家庭农场所面临的在技术、服务及市场等方面涉及的问题。综合而言，联合体不仅有助于缓解各生产经营主体功能与定位不清晰的情况，而且也有助于提高各主体之间的分工协作水平并助力构建互利共赢的局面。但需要注意的是，在联合体方式下，普通农户的参与感并不强，而且增收效应主要体现在家庭农场等农业大户上。

（4）新型经营主体+平台企业

该实现方式主要是指借助电商等互联网平台，涉农企业、农业生产大户、家庭农场以及农业生产合作社等经营主体加速完善从田间到餐桌的农产品市场经销体系。现阶段，新兴信息技术及高新技术产业快速发展，平台经济在助力城乡产业融合发展中所占据的地位愈加重要。例如,“电商+合作社”的生产经营模式可以有效实现生鲜食品的当天采摘、分拣、配送及食用。该实现方式的优势主要体现在平台企业具有整合资源并发挥连接与服务作用的能力。一方面,该实现方式通过整合市场信息,提高了经营主体对市场的反应速度,进而有助于提升产品的增值能力;另一方面,该实现方式可以对农产品产业链进行重塑,从而缓解信息不对称的局面。但是,此方式也存在着对普通农户的带动性不足的缺点,特别是因为存在一定程度的进入壁垒,普通农户难以获取并利用平台企业资源。倘若要充分利用平台资源,普通农户还需要借助身为中介组织的新型经营主体所起到的带动作用。

7.3.2 城乡产业融合的产业链协同机制

1. 产业链协同机制的内涵

产业链协同机制具体是指在内、外部各项影响因素的联合作用下,三次产业的产业链之间通过交叉、吸收及整合等方式,最终构建成新产业链的过程。该机制致力于破解“如何进行融合”的困境。在产业融合背景下,各主体之间的相互作用主要表现为产业链协同发展。根据以上产业融合发展的基本框架可知,各类新型经营主体通过参与跨产业发展,构建起有效的企业内部分工协作模式,并逐步替代社会分工是融合形成和发展的重要途径。产业链协同发展模式,即融合发展路径,是由企业的跨产业生产经营策略所决定的。各经营主体通过拓展延伸农业产业链,助力加工、经销等环节协同发展,进而优化农业产业链运行、实现利润最大化的经营模式被视为农业产业链内部协同。各经营主体通过发掘农业多功能性,促进农业与旅游业等第三产业融合发展,加速三次产业的产业链之间进行解构与融合重组,最终助力农业与二三产业实现内部化分工的过程被视为农业产业链外部协同。此外,微观经营主体借助新兴信息技术和生物技术而逐渐扩散至农业领域,这不仅继续模糊了高新技术产业和农业的生产边界,而且还加速了农业和高新技术产业的内部化分工进程,助力实现传统农业向现代化农业的转变,这一过程也有利于新业态、新模式的诞生,因此也可被视为农业产业链外部协同。综合而言,实现城乡产业融合发展的产业链协同机制可分为纵向延伸融合的产业链内部协同和横向交叉及高新技术渗透融合的产业链外部协同。

2. 产业链协同机制的运行机理

(1)纵向延伸融合机制

纵向延伸融合指的是基于产业之间的经济联系,农业产业链与城市二三产业之间进行分工内部化的过程,其本质是农业产业链的产前、产中和产后各环节相互作用、协同发展，最终提高农业产业链整体运营效率的一种新型生产经营模式。

纵向延伸融合机制的运行机理表现为：为获得生产经营效率优势，农业产业链上下游环节的生产经营主体之间依靠市场协调的分工协作方式逐渐被企业或企业准市场组织所替代，导致农业产业链上下游环节之间的社会分工逐渐被企业内部分工或企业社会性分工替代，从而形成更加紧密完整的农业产业链，实现农业产业链上下游与城市产业的分工内部化。

首先，农业分工深化带来资产专用性的增加。农业分工深化带来生产经营环节的增加，不同的生产经营环节在整个农产品价值实现过程中承担不同的职能，分属于不同的产业类别。农业生产一般划归为第一产业，农业加工和销售环节一般划归为第二、第三产业，不同产业类别的资产体系差异较大。因此，农业生产经营的各个环节所需的实物资产、无形资产、商业模式以及人力资本等都各不相同。它们之间进行资产转移的成本较高，资产专用性较高，而通用性较低。农业分工深化提高了不同生产经营环节的专业化程度，导致了专用性资产的投资增加，进一步强化了不同生产环节之间的资产专用性。每个生产经营环节专用性资产投入的增加，客观上要求生产经营规模达到一定程度，这样才能充分发挥专用性资产的效率。

其次，农业分工深化导致交易频率和不确定性的增加。农业分工深化使得农业产业链上的每个生产经营主体需要交易的对象越来越多，而且随着市场规模不断扩大，资产专用性、交易频率和不确定性增加也引起了交易成本的上升，而当交易成本高于收益时，成本节约型的配置方式更为合理。节约交易成本主要有以下几个方面的原因：要素所有者一般需要依托市场机制而签订部分合约，但是当采取企业或者企业准市场组织形式时，则可以通过减少契约签订而降低交易成本；契约具有一定的稳定性，能够为市场主体之间提供稳定预期，减少交易频率和不确定性，节省交易成本；企业或者企业准市场组织形式能够将原本具有高度专用性的资产运用到其他领域，降低因资产专用性而产生的成本。

当绝大多数或占据主体地位的农业生产经营主体均使用企业或者企业准市场组织代替传统市场机制进行资源配置时，城乡三次产业之间的分工与协作就会走向融合发展。在实践中，纵向延伸融合机制一般会使用“农业+企业”及“农业+合作组织+企业”之类的产业组织形式。该机制既加强了农业与二三产业之间的联系，又有助于降低交易费用并增加专业化分工收益。此外，实力雄厚的企业还会借助纵向一体化的方式构建全产业链，并将企业科层组织管理的形式应用于农业全产业链的资源配置中。

（2）横向交叉融合机制

横向交叉融合机制是以提高农业多功能性为基础，将农业与文化、旅游等产业之间的分工协作内部化并逐渐建构具有新型复合属性的产业体系的过程，其方式则根据农业资源要素的不同而不同。其中,资源融合是指通过有效利用农村人文与自然景观资源来促进三次产业融合并带动产业优化升级的过程,其中的经典案例就是通过挖掘农村自然景观来发展旅游业;产品融合主要是对农产品所蕴藏的多功能性进行拓展,特别是为了满足新型消费需求,农产品的价值实现与提升路径发生了改变,从而对原有产业链进行了解构与重新交叉融合,引致产生具有融合特征的农业产业链,例如农业与旅游业结合形成休闲农业;市场融合主要指农产品的经销环节与相关产业进行结合进而带动农业全产业链发展的过程,例如农产品经销与会展服务业融合形成会展农业。

横向交叉融合机制的运行机理主要为:考虑到外部市场需求的不断变化,对农业潜在的功能不断进行拓展可以使农业生产经营的收益发生变化。微观主体自然会在利益最大化的目标下创新生产经营方式,加速农业和其他产业链进行重构并形成新型复合产业链,推动农业与其他产业的内部化分工。横向交叉融合实现的关键是起到基础性作用的农业资源要素,而借助产业链协同的方式可以实现农业与相关产业的优势互补并促进生产要素在涉农产业中进行聚集,有助于实现农业产业链的升级。

实际上,农产品市场需求对农业产业链的供给系统(经济行为主体、资源要素和生产经营组织)起着至关重要的作用。伴随着居民生活水平的提升,生产生活活动对农业的需求也不再局限于粮食生产等方面,而是逐渐期待实现农业的文化和生态等功能,并希望从中获得精神与心理层面上的满足感,即拓展农业功能性的目的是满足市场的多样化需求。当对农业多功能性的需求信号传至涉农产业链的各环节时,已有的产业链供给系统明显难以满足此类新需求,结果便是在竞争性市场中被淘汰出局,原有的农业产业链也随之解构。与此同时,在农业进行横向增值的利益激励下,各经营主体开始创新生产体系,特别是通过与其他相关产业的资源要素进行交叉融合,实现产业链系统的转型升级或重构,满足新的市场需求缺口。

(3)高新技术渗透融合机制

高新技术渗透融合是指现代化生物信息等技术逐渐扩散至农业领域,模糊了高新技术产业和农业的边界,促进了高新技术产业与农业的分工内部化,最终衍生出新产品、新业态与新模式并实现传统农业向现代农业转型的过程。依据高新技术的分类标准,高新技术渗透融合包括生物技术、信息网络技术以及工业技术渗透融合等。其运行机理为:在使用高新技术追求利益最大化的过程中,农业与高新技术产业的资源要素及经营主体互相依存与协调,促使高新技术产业链向农业产业链进行渗透融合,加速此两类产业实现分工内部化并促进农业产业链优化升级。

从微观经营主体的角度来看,高新技术渗透融合主要体现为供给方与需求主体之间的技术要素的交易行为。技术供给方希望通过转让高新技术而获取经济效益,农业生产主体的目标则是使用高新技术提升经营效率,最终两者都可以在高新技术的交易中获得所需的利益。技术供给主体通常包含具有企业属性的科研机构和具有非营利属性的公共研究机构这两个类别。针对技术需求方，在农业生产经营中融入新型技术，既有利于提高生产力，又能够降低相关成本，最终有助于获得超额利润。那么，在追求经济利益最大化的目标下，理性的农业生产经营主体使用高新技术明显是占优选择。

从宏观角度来看，各地政府为了强化农业发展基础并实现城乡协调发展，通常会完善相关技术研发及成果推广的组织体系。除去中央政府的全局统筹规划之外，各级政府也会对各地产业发展进程和资源禀赋特征进行考察，因地制宜地研发和推广涉农技术。但是，对于以盈利为导向的科研机构或企业而言，新技术研发则是一项投入大、但回报的不确定性较大的非理性选择，所以需要政府从宏观层面上组织协调各方力量参与高新技术研发。此外，对于技术供给方而言，涉农技术研发的外部性较强，私人收益小于社会收益的结果会妨碍相关主体提供科技产品的积极性；对于技术需求方而言，应用涉农技术则存在着较大不确定性。综合而言，高新技术的渗透融合完全市场化的可能性并不高，在实施与推广中需要政府层面的经济政策加以支持。

在供需双方与政府的协同努力下，高新技术在农业的生产经营活动中得到了应用与推广。首先，具有供给属性的高新技术产业链通过生产科技产品以满足市场需求，使得科技产品在农业产业链的运行中不断得到应用。其次，农业产业链结合高新技术不断生产出具有科技属性的农产品，并通过加工、经销等流程获取利益。再次，与传统生产经营模式相比，具有高新技术属性的新业态与新模式更具有效率上的优势，使其不断被模仿并推广。最后，当所有的或起到支撑作用的大多数涉农主体都凭借高新技术获得相应利润时，高新技术对农业经营的渗透融合就实现了均衡。

7.3.3　城乡产业融合的利益协调机制

1. 利益协调机制的内涵

利益协调机制主要是指参与融合发展的各主体之间的利益联结、调节与约束方式的实现过程，其旨在解决各主体之间的利益冲突问题，并助力形成利益共同体。分工形态不同会导致各主体之间的分工协调机制存在差异，也使得各生产经营主体之间存在着不同的利益关系，但是城乡产业融合发展对社会分工结构具有调整作用，这进一步加速了分工协调机制的演变，而分工协调机制则是制定各主体之间利益协调机制的基础。

鉴于此，若想考察产业融合主体的利益联结情况，应先探究如下三种分工协调机制：一是市场协调机制，即在市场运行规律下，各主体间的利益链运行并通过竞争机制、价格关系和供求关系等使得高效率的市场行为主体在市场竞争中获得高收益;二是企业协调机制,企业之间通过生产上和经营上的分工合作以实现经济行为主体之间的一体化和规模化运营,从而实现社会成本内部化,降低企业成本;三是企业社会性组织协调机制,经济主体之间保持生产经营独立性,其经营决策不仅要受到市场制约,还要受到契约或合同以及组织内部制度的约束。由于农村产业融合属于农村分工体系的深化,具体则体现在企业及企业社会性分工对传统社会分工的替代上。农村产业融合的分工协调机制主要包括企业协调机制和企业社会性组织协调机制。其中,对应企业协调机制的是一体化利益联结机制,对应企业社会性组织协调机制的是网络化联结机制,而网络化联结方式包含契约联结和产权联结。在利益联结基础上,各经营主体的利益获取也存在差异,弱势主体的利益可能难以得到保障。因此,需要完善利益调节机制并对主体之间的利益进行调节,同时运用利益约束机制对主体行为进行约束[217]。

2. 利益协调机制的运行路径

利益协调机制的运行涉及利益协调的主体、作用客体、基本方式以及具体路径四个方面。利益协调的主体指的是参与产业融合的各类微观主体,主要分为三大类,即参与个体(如农户、企业家等)、新型生产经营主体和政府。利益协调的作用客体是产业融合中各经济主体的利益。作为"理性经济人",各经济主体参与产业融合并进行生产经营方式创新,其内在驱动力在于分享产业融合带来的价值增值。利益协调的基本方式是相关主体具体实施利益协调时采取的具体手段。不同的实施主体采取的方式不同,主要包含政府协调、组织协调和非正式协调。构建利益协调机制应遵循的基本逻辑是:利益联结-利益调节-利益约束。利益联结机制决定产业融合过程中利益分配问题;利益调节机制协调不同主体之间的利益分配,实现利益共享;利益约束机制约束经济主体的行为,划定经济活动的边界,促进产业融合平稳发展。其中,利益联结是核心,利益调节被视为核心举措,而利益约束则起到了保障作用。

(1)利益联结机制

利益联结机制是指在产业融合发展的背景之下,市场参与主体因互相作用而展现出的利益关联。基于不同的分工背景,各经营主体之间的作用形式及机制也存在差异,进而产生了主体之间不同的利益关系。

城乡产业融合是三次产业分工发展到一定阶段的产物,其形成和发展的微观机制表现为农业相关经济主体在利益驱动下相互作用的过程和结果,而利益联结机制具有协调微观主体经济关系的重要作用。城乡产业融合中的利益联结发展分为以下四个阶段。

在萌芽期,"三农"的要素配置开始从计划调节转向市场化管理,这既可以促进农产品参与市场中的加工、销售等环节，又可以助力三次产业经营主体之间的关系由行政壁垒转向市场合作。与此同时，部分改革较快的地区已呈现出农户与企业签订合约的现象，政府所出台的政策在其中也起着重要推动作用。

在起步期，农村市场化程度进一步提升，城乡产业间的要素流动与企业联结逐渐加强，并初步形成了以供需关系为基础的农业产业链上下游之间的城乡产业联结形式。特别地，为提升生产率，上下游主体之间主要以签订契约的方式维系并联结成利益共同体，但是利益联结的主要载体为“农户+龙头企业”，该形式既单一，也不够稳定。

在成长期，农村发展变得多元化，除在农业产业链的上下游环节进行联结外，城乡经营主体也开始在旅游业等服务业上进行融合。这不仅强化了农业与其他产业的关系，稳固了农户与其他主体间的利益联结关系，而且还扩大了产业规模并提高了专业化水平。此外，鉴于新型经营主体发展迅速，农户组织能力不断提升，这进一步强化了城乡产业中各主体的联结性，催生出类似于“农户+合作社+企业”的新型联结方式。

在成熟期，农业与二三产业加速渗透、交叉与重组，新产品、新业态及新模式不断涌现。城乡产业经营主体之间的联结愈加紧密，涌现出了农户入股企业、组建合作社，以及互相持股、参股的联结机制。此外，为提高市场竞争力，涉农企业开始推行纵向一体化战略，不断整合产业链并搭建全产业链。

由以上分析可知，利益联结机制的阶段性由城乡产业的发展程度所决定。在实践中，城乡产业、企业及农户等市场行为主体在新型生产关系中都存在相互适应、相互提升及相互融合的过程。在城乡产业融合中要加强制度创新、组织结构创新，应参考当地城乡产业发展水平和资源禀赋条件，因地制宜地选择符合城乡产业各行为主体的利益联结机制。

（2）利益调节机制

利益调节机制指的是在产业融合过程中，主动采取一些举措，提高产业融合主体的收益预期并尝试激发其内生活力，促进城乡产业融合可持续发展的过程和机理。

在产业融合之前，只有预期收益足够多，才有助于激励各主体创新生产经营模式。那么，为提升主体对收益的预期，助力城乡产业融合发展，亟须政府采取以下激励措施：一是为各类生产经营主体提供税收优惠支持，以减少其运营成本，而对于新型经营主体，则可降低其所得税、营业税等。二是在融资上给予支持，以降低其融资成本。鉴于许多经营主体在生产活动中都会遇到融资难题，所以经由政策性或商业金融机构和互联网金融等渠道，为其提供相配套的低息贷款、成立农业发展基金等是极具必要性的。三是吸收国外的经验，对于有利于城乡产业融合发展的经营项目，政府应给予适当的财政补贴，从而有助于保障其经营收益并提高其参与积极性。

在产业融合过程中,生产经营活动的参与主体根据不同的利益联结机制取得不同的收益,但是当部分主体未能获得充足收益时,便会在很大程度上抑制其发展活力,从而不利于进行可持续的产业融合发展。鉴于政府在利益调节中占据主导地位,所以政府既可以通过使用政策手段来支持各主体进行产业融合发展,又可经由制度安排将处于强势地位主体的部分利益返还至弱势经营主体,比如涉农企业向农户、家庭农场及专业大户等返还收益。常见的利益出让方式主要有:企业以保护价与农户签约,主动承担市场波动带来的风险;企业等主体向与之合作的农户提供贷款担保等金融服务以减缓其融资约束;企业向农户供给廉价化肥、种子等生产资料以帮助其"降本增效"。

(3)利益约束机制

利益约束机制指的是为保证农村产业融合有序发展,对融合主体经济行为及主体之间相互关系进行规范和界定的一系列制度安排的总和。正式制度约束包含各种法律规定及合作组织的章程等,非正式制度约束则涉及习惯习俗、社会规范等。两者互相作用,互为补充。城乡产业融合的形成和发展涉及众多主体,是一个复杂的社会经济系统。因此,对融合主体的约束,需要多种规则的共同作用。

正式约束和非正式约束共同构成了城乡产业融合的约束体系,对于保障农村产业融合健康发展具有重要作用。两者的差异之处在于:从表现形式来看,正式约束是显性的,一般通过正规文字和条文等确定下来,而非正式约束是隐性的,它内化于日常交易习惯、文化或交易规范之中;从实施机制来看,正式约束具有强制约束作用,若违反将受到法律法规制裁等惩罚,而非正式约束主要依靠内心自觉进行自我约束;从运行成本来看,正式约束的运行需要较高的成本,需要设置专门机构来进行监督和执行,而非正式约束不需要专门机构,其运行成本较低;从形成和发展过程来看,非正式约束形成和发展过程相对较长,而且具备一定的稳定性,其变迁过程呈现渐变性和边际调整,而正式约束形成虽然需要一定程序,但时间相对较短,其变迁过程也可以是激进式的。

同时,正式约束与非正式约束紧密联系、互相支持。前者为后者发挥成效起到了保障作用,当非正式约束的强制性不足时,正式约束就能发挥一定作用;后者是前者的补充说明,如果缺乏非正式约束,农村产业融合运行的成本势必很高,将会导致融合难以形成和发展。与此同时,非正式约束既可以转换为正式约束,又能够有效约束机会主义行为,提高经营效率。当非正式约束被其他外部主体识别出来时,将会被推广和复制。当非正式约束的适用主体达到一定规模时,就会引起政府部门的重视。在政府推动下,非正式约束会以政策或法规的形式被固定下来,从而实现非正式约束向正式约束的转化。

7.3.4 城乡产业融合的保障机制

1. 保障机制的内涵

城乡产业融合发展的保障机制是指支撑城乡产业融合发展的相关环境支持的集合。由产业融合过程可知,城乡生产关系变革助力城乡产业融合发展。农村产权与经营制度的演变,促使农村由单一农业到农业产业化,再到农村三次产业融合发展,最终催生了农村产业的新模式和新业态,城乡之间的产业融合也不断加深。作为一个系统性工程,城乡产业在融合过程中不仅需要各类经营主体参与,而且还需要各类生产要素的重组与配置。

2. 保障机制的关键环节

(1) 农村土地制度优化及权益保障

一是加快土地产权交易市场的建设,搭建全国与区域相辅相成的交易平台。各地应因地制宜,进一步细化相关的政策法规,强化规章制度对于生产经营主体行为的约束力,增强对土地市场交易的监管力度,确保土地产权交易市场可以合理而有序地发展。鼓励并发展土地交易中介服务机构或组织,完善土地经营权价值评估体制机制,深入挖掘农村土地潜在的经济价值,保障土地产权交易各方的合法权益,激发交易双方的内在活力。

二是统筹推动征地、宅基地以及集体建设用地的产权制度改革。加快构建农村集体建设用地市场,并由市场来决定其具有的经济价值,还需侧重于完善土地增值收益分配机制,保障农民的合法收益。同时,进一步完善城乡建设用地方案规划,继续遵守"城乡建设用地增减挂钩"制度,推动相关土地市场融合发展。此外,还需增强土地监管力度,实施更为严格的土地节约使用规章制度,杜绝土地粗放使用与资源浪费。特别是要严格规范土地用途监管制度,严守农村耕地红线,保证土地的生态价值。

三是完善规章制度与政策体系。加快修订并完善与土地管理相关的配套制度体系,推动农村土地产权制度改革。与此同时,强化对于土地产权制度改革的宣传力度,积极向农户及其他参与主体传达并解释改革的实质内容,有助于推动改革的顺利进行。以上举措有助于明确农村土地所有权、承包权与经营权之间的权益边界,进而有利于进一步规范农村集体、农户与经营主体之间的权利边界以及政府、农户与新型经营主体之间的行为界限。

(2) 完善的农村金融市场服务体系

一是建设并完善农村金融市场。第一,要明晰各类涉农金融机构的功能定位以促进此类机构协同发展，同时还要强化政策性金融机构对于农户等经营主体的扶持力度，提高其对涉农贷款的供给水平，明确其在农村金融服务体系中的主体及引领作用；第二，要鼓励商业金融机构设立既专业又专项的涉农业务部门和服务于“三农”的长效机制，特别是要满足农村对于大额信贷的需求；第三，要降低农村金融市场的进入壁垒，鼓励社会及民间资本积极参与到农村金融服务中来；第四，优化生产经营主体与金融机构之间的联络机制，保证金融服务的供求方之间紧密沟通，积极解决农村金融供给不足及产品单一的困境；第五，充分利用互联网平台等新兴技术，构建手机银行、移动支付等线上信贷功能与线下服务相结合的模式来快速提升服务水平。

二是助力农业保险高质量发展。推动农业保险供给侧结构性改革，增加农业保险类别，构建政策性、商业性保险与附加险相融合的、多样化与个性化共存的保险体系，以保障涉农产业的多元化发展。推进农业保险市场化改革，完善普惠保险体制机制，构建政府的基础保障功能与市场的增量保障功能协调发展的体系。助力保险机构专业化发展，支持保险机构拓展高风险领域的业务板块，挖掘农业保险风险承担作用。优化农业保险的监督与约束机制，完善由政府监管、农业保险协助和行业自行监督协同发展的多样化、多层次的农业保险监管体系。

三是完善农村金融的激励政策体系。政府需采取一定的措施以鼓励金融机构更好地为农业发展提供金融服务。首先，健全农业金融机构的财政政策，支持并鼓励金融机构提高涉农信贷供给比例。例如，根据不同金融机构的服务类别，分别给予不同程度的税收优惠政策；降低涉农利息收入及保费等收入的所得税税率。其次，健全涉农金融机构的货币政策。协调使用各项货币政策工具，并以具有差异性和针对性的方式降低其准备金率与贴现率等。最后，支持各级政府牵头搭建由官方金融组织参股或控股的农村金融机构，并激励此类农村金融机构提供优质金融服务。

（3）完善的农业科技服务体系

一是创新农业科技推广服务体系改革，推动农业科技多元服务主体协同发展。首先，提高推广涉农科技的经费，完善农业科技从业者的人事制度与激励方案，构建高水平、专业化及规模化的服务团队。其次，创建多元农业科技推广服务主体，积极引导科研院所参与到农业科技服务中来，并注重将理论分析与生产经营活动相结合。最后，建立政府公益性推广系统、科研院所事业性推广系统与企业等为代表的市场性推广系统协同发展的农业科技推广服务体系。

二是完善农业科技服务投入体制机制，丰富融资方式及举措。增加涉农科技服务的财政支出，创建专项资金，优化监督与评价体系以保证资金到位并得到合理有效的使用。构建良好的营商环境，引导社会资本参与涉农科技服务，这既有助于减缓其中存在的资金短缺问题，又可以有效减少过度依赖政府的现状。同时，完善涉农科技服务的市场运营模式，实施有偿供给制度，保障科技推广机构、企业及社会资本等组织机构的合法权益,激活多元服务主体参与涉农科技的动力与活力。

三是创新运行体制机制,完善农业科技服务一体化模式。首先,界定由政府创建的涉农科技推广机构的主要职能,避免政府与管理部门之间出现的职能混乱现象。其次,畅通农业科技研发到运用的产业链条,合理定位研发、运用及推广等环节的功能,明晰权责范围。再次,合理使用利益联结机制将产学研等环节连接起来,根据农业发展的实际需求进行技术研发等生产经营活动。最后,优化产学研治理体系,在综合考量诉求与利益分配的前提下,对参与主体的行为进行监督或约束,进而有助于推动产学研一体化协同发展。

7.4 本章小结

本章主要阐述了以下几个方面的问题:一是阐述了城乡产业融合发展机制的内涵;二是确定了城乡产业融合发展机制构建的基本原则;三是提出了城乡产业融合发展机制构建的目标体系,具体包括实现产业融合发展整体水平的提升、培养一批融合能力较强的新型经营主体、促进农村产业融合主体之间联结紧密以及提高其对农民收入增长的贡献率;四是城乡产业融合机制的基本模式,包括市场演进型和政府推进型两种模式,本章结合相关分析认为,我国可以采取"政府推进+市场导向+农户为主体"的模式;五是在社会分工和企业内部分工的相关理论基础上明确了城乡产业融合发展的逻辑链条;六是阐述了组织、产业链协同、利益协调和保障机制的构成以及每个机制的内涵、实现方式和运行机理等内容。本章认为推动城乡产业融合发展,需要构建组织机制以推动产业融合组织形式的发展;构建产业链协同机制以厘清产业融合的基本路径;构建利益协调机制以推动各主体之间形成利益共同体;构建保障机制以完善城乡产业融合发展所需的政策环境和制度。

第8章 城乡产业融合发展的国内外经验借鉴

由本书第1章可知,无论是在发达国家,还是在发展中国家,城乡产业融合发展均已成为产业发展的新趋势。本章对比分析了欧美(美国、法国和荷兰)、日韩(日本、韩国)和中国典型区域(苏州和成都)的城乡产业融合发展概况和经验做法。美国为世界农业强国,法国、荷兰为欧洲农业生产大国,它们都具有城乡产业融合的成功经验。日本、韩国与我国均地处东亚,农村产业发展具有相似之处,往往都具有小农经营的特征。而苏州和成都则是我国最早进行城乡融合的试点区域。在新时代下,我国城乡关系进入深化改革阶段,城乡产业融合发展是推动城乡关系走向融合的关键抓手。对相关国家或地区的产业融合发展概况和做法进行梳理总结,可为我国促进城乡产业融合发展提供经验借鉴,也有利于我国破解城乡产业融合发展过程中存在的瓶颈。

8.1 欧美国家城乡产业融合的经验借鉴

8.1.1 美国城乡产业融合发展经验

1. 美国城乡产业融合发展概况

美国位于北美洲中部,国土面积约为937万平方千米,是世界最大的发达经济体,也是全球最大的农业出口国之一,其农业产业化、规模化发展程度较高。特别地,美国的耕地面积达19 745万公顷,人均耕地为0.7公顷左右,肥沃的土壤环境和优越舒适的气候都为美国农业的快速发展提供了有利的条件。作为后起的工业国家,美国的工业化和城市化的发展速度极快,同时还支持引导多个高度发达的城市对农村地区进行发展帮扶,从而带动了农村的产业融合发展。

美国积极推动二三产业对农业的创新驱动作用,并出台相关的政策制度来提供支持保障。依托于较高水平的农业机械化程度,美国农业的产出水平也在不断提升。根据美国农业部经济研究所提供的数据,美国2019年的产出水平约为1948年的2.7

倍,同期平均年增长率为1.42%,实现了从土地耕种、翻整、播种到收获、产出的全过程机械化。究其原因,一方面,美国的工业与农业融合程度较深,扩大农业经营规模显著提升了农场的机械化水平和农业固定资产投资;另一方面,服务业的迅猛发展和服务要素的大量输入也为美国农业的发展及农民收入的增加提供了有力的保证。美国农业普查数据显示,农场中的农业旅游与娱乐服务项目及股权收益项目的收益在不断增加,逐渐超过了农林牧渔产品的销售总额,同时农场也投入了更多的资金用于农作物和畜牧的保险方面。二三产业与农业进行融合对农业发展的模式和服务形态进行了创新,延长了产业链,拓宽了农业的多功能性,提升了各经营主体的收入。

美国通过完善城乡基础设施,推动城市工业化向农村地区扩散。美国积极修建交通基础设施,特别是太平洋铁路的修建进一步增强了城乡之间的联动性。现阶段,美国所运营的铁路里程已超过25万公里,高速公路也已突破10.6万公里,极大地方便了各地区资源流动运输。这不仅为美国整体工业化发展提供了良好的基础条件,而且也为进一步实现乡村工业化和城镇化的协同发展提供了驱动力。

在产业融合的过程中,为了缓解高投入和高产出所导致的环境问题,美国建立了精准农业系统。该系统将3S(GPS、GIS和RS)等高新技术与农业技术相结合以寻求农业生产的最优选择,有效保护了土地资源,减少了耕作过程中化学农药的滥用。同时,美国也开展了4R(正确的营养元素、用量、施用区域与时间)计划,有助于减轻过量化肥与农药使用导致的环境污染[218]。

总之,作为市场经济体系十分发达的国家,美国主要通过市场演进的方式推动城乡产业融合发展。在市场机制的作用下,城乡产业融合的各个要素与主体相互作用并逐步实现相应的功能。当前,美国已逐步实现由劳动力和资本投入农业生产转变为以知识投入为主的农业生产,农业也逐步与工商业、工业、信息技术及金融服务等多个部门进行了有效融合发展。

2. 美国城乡产业融合发展的经验做法

自20世纪起,美国农业在发展中呈现出明显的产业聚集趋势,尤其是50年代以后,农业不仅加速了与二三产业的纵向融合,并且推动了其与工业化农业、精准农业的横向交叉与渗透。美国依靠不同地区的资源条件、耕作种植方式和科学技术等基础条件,推行集群发展模式,逐渐构建了各具特色的农业经营方式,助力了城乡产业融合。

(1) 充分发挥农业经营主体功能,创新家庭农场发展模式

2021年,美国家庭农场的数量占农场总数的98%左右,产量则占80%以上。美国的农业生产主要以家庭农场为主,一般情况下,农场的规模越大,其机械化程度就越高。除此以外,其他包括合作社在内的经营主体的发展都较为成熟。据悉,美国的

农业生产经营合作社在农产品的出口与加工中起到了重要的支撑作用。美国政府为了进一步提升合作社的农业生产率，颁布了《合作社销售法》《统一优先的合作社社团法》等法律以进一步支持其发展。同时，还创建了与农业合作社发展相关的补助金及专项基金，用以扩大合作社的经营范围。此外，政府在联邦法中对销售采购类的所得税进行了免除，并为合作社提供各类免费的教育指导及行业报告分析。

（2）城市工业化推动产业纵向融合，支持现代化农业发展

美国地广人稀，劳动力较为昂贵，这种资源禀赋决定了美国要走劳动力节约型、资本和知识密集型的现代化农业演进道路。美国的现代化农业是在新兴科学技术的基础上，依托于现代工商业而发展起来的具有高技术含量、高产出及高商品率的农业。美国的产业融合体现在以下两个方面：其一，美国一二产业融合程度较深，农场经营规模的扩大对美国农业的发展起到了较强的推进作用，农业机械化程度和固定资产投资量提升明显；其二，发达的服务业及服务要素的投入和自由流动为美国农民增收和农业发展提供了重要保障。据美国农业部统计数据，部分农业服务项目，如股权报酬、农业旅游和娱乐服务、农作物与牲畜的保险定制服务等，在农场总收入中的占比不断增长。

（3）重视市场经济发展，实现农业经营产业化

虽然农产品市场是由劳动力、中间产品和最终消费品等要素共同发展构成的，但因为社会劳动分工已经渗透到了现代农业的各个生产环节，所以原来的耕种、存储及物流等环节已逐渐从由农户独立完成演变为由各类专业公司全权负责。因此，农业与工业、服务业及消费者间衍生出了具有多层次性质的市场关系。具体而言，直接进行农业生产的劳动力及企业数量逐渐减少，而参与物资提供的农业产前部门及加工、运输、经销的产后部门的从业人员数量逐渐增多，最终构成了“倒金字塔”结构。同时，随着现代农业机械的普及和现代化管理、通信、信息等技术在农业中的应用越来越广泛，这些都推动了自动化技术、数字技术在农业生产经营中的使用，最终有助于提高农业生产率。

（4）加强农业教育和农业研究，大力发展精准农业

美国政府一直十分重视农业的教育研究工作，建立了较为完善的新型农民职业培养机制及农业教育学校，为农民提供了农业技能培训、学历提升教育、农场经营技能指导等服务。对于精准农业，美国政府既拨款支持技术研发，又提供了精准土壤采样、产量监测分析及卫星或航空图像等多项实际应用。

总之，美国主要通过农工商一体化的模式推动城乡产业融合发展。在该体系中，政府给农民提供大量的就业岗位，并将工业等部门的管理经验引入农业发展中，建立起了集生产、加工、营销、物流等多环节于一体的农业产业化生产经营模式，促使农业生产经营能够得到全方位的服务保障，从而有助于实现产业高度融合。

8.1.2　法国城乡产业融合发展经验

1. 法国城乡产业融合发展概况

作为西欧面积最大的国家,法国的耕地面积约为其国土面积的一半。依靠日趋成熟的农业经营发展模式及发达的现代化农业技术,法国承担着全世界大部分的农产品出口贸易,包括花卉、玉米、小麦、大麦、葡萄及蔬菜等农业产品[219]。为了更好地推动国家经济稳步发展,法国制定了多项产业政策,推动了城乡一二三产业融合,并已取得较好成绩。

法国仅仅使用 20 年就基本实现了农业的机械化改造,特别是拖拉机拥有量不断提升,并于 1981 年达到每 100 公顷耕地拥有拖拉机 847.09 台,此后便处于饱和状态。同时,法国政府不断发放农业工程津贴,对农机购置、零件购置、农业基础设施的建设进行投资补贴。除此以外,法国还提供由国家作为担保的长期低息贷款,有效推动了农业机械的使用与普及。

法国注重将新兴技术与农业经营相结合,现已逐渐构建起适用于农业发展的技术体系。特别地,法国在杂交育种、病害防治等方面均取得了显著成效,并积极研发和使用环境友好型的农药与肥料。与此同时,法国注重提高农民的种养及经营水平,特别是依托教育资源,逐渐完善并形成了集产、学、研于一体的农业培训系统。此外,早在 2015 年,法国农业部就出台了“农业创新 2025”规划,其旨在为农业提供资金,助力开放与创新发展,加大教培力度及实现生物与数字技术在农业生产经营中的有效运用。

作为全球知名的旅游地,法国重点将其生态农业与旅游业进行渗透发展融合,不仅推行了涉农旅游的发展规划与补贴,而且还创建了旅游扶持基金,并借助其展览业来助力农业发展。特别地,首届冬奥会举办地霞慕尼小镇,其处在重要的交通枢纽上,同时旁边的阿尔卑斯山脉提供了独特的自然资源。连续不断的冰雪赛事给小镇带来了国际影响力和发展机遇,霞慕尼加强产业融合,着重将滑雪项目与冰雪旅游进行了有效结合,彰显了地区产业发展优势。此外,该小镇拥有并举办了众多攀岩与越野赛,并与主题酒店、观光缆车等产品相结合,将体育旅游产品组合的优势充分发挥出来,促进了文旅与体育行业的交叉渗透,优化了产业的价值链。

总之,法国已逐步实现城乡产业融合的发展目标。法国产业融合的发展特征主要是依靠“农业”与“旅游业”“工业”的多项融合,打破产业边界,在农产品的生产过程中加入了旅游产业的生产方法及对工业的动力机械支持,发挥了产业的多功能性和多样性,拓宽了各产业的价值链,进一步推动了城乡融合发展,为法国经济提供了强大的发展动力和发展前景。

2. 法国城乡产业融合发展的经验做法

19 世纪上半期,法国才开始逐步推动工业化进程。在此之前,法国农业依旧遵循传统生产方式,发展速度缓慢,严重落后于其他西欧国家。此后,法国实施了多项农业经济发展政策,如“伊尔斯计划”“莫内计划”等,逐步解决了农业生产中机械化程度低、农业技术落后、劳动力生产效率低以及土地经营分散等重大问题。此外,第二次世界大战之后,法国制定了多项政策及法律机制,推动了产业技术的创新与运用,保护了农业经营,其发展成功经验主要来自以下几个方面。

(1) 积极推进土地规模化集中经营,鼓励成立农业合作社

一方面,为助力土地集中管理与经营,解决人多地少和分散农业的生产矛盾,法国政府出台了一系列措施进行土地整合归并。首先,将多余的劳动力转移到非农产业和城市;其次,对达到退休年龄的农民发放退休补贴;最后,确保农场只存在唯一法定继承人,并将分散的土地汇集为标准农田以实现规模及有序化经营。另一方面,法国的农业生产经营主体不仅包含与国情相适应的家庭农场,而且还涉及家庭农场与农业合作社协作分工的综合经营形式。其中,家庭农场承担着农作物的种植任务,而农业合作社不仅具备前、中期的生产职能,而且还负责产后的运输和销售工作。此外,政府也积极引导家庭农场参与到合作社中,有助于扩大涉农产业的经营体量,因地制宜特色发展,增强在市场上的风险抵御能力。

(2) 大力发展城乡现代化产业,全面践行三产融合发展策略

首先,积极推进科技兴农和农业教育的建设工作。法国通过政府的拨款及各项税收的资金进行投资,建立了农业高等院校和科研机构,设立了农业技术培训教育班,并规定只有获得农业培训资格证书的人才能进行农业经营。其次,实施经营方式现代化的转型升级。基于高度专业化、明确分工化和高效生产化的特点,法国主要通过农业专业化和一体化两个方面延长农业生产链,并支持农业与工商业、运输业及信贷业等部门协同发展。再次,法国重点推行生态农业与旅游业融合发展的经营方式。在法国,生态农业综合运用了现代科学技术和管理手段,在维护生态环境的同时,又充分发挥了农业的生态服务价值,即以生态保护的方式实现经济效益最大化。最后,发挥信息服务技术在农业市场的高效作用。法国通过发展成熟的信息服务技术将农业生产的整个过程与信息系统联系在一起。根据信息的即时反馈,农民可以知道产品出售的详细信息,这有助于构建好生产与销售之间的利益关系,促进农业市场经济更加高效地发展。

(3) 优化城乡产业布局,逐步完善城乡基础设施

法国在地域上呈现东高西低、各地区气候各异的特点,其在农业种植的区域上也

遵循“平地种植粮食,山丘养殖畜牧,坡岗种植蔬果”的生态环境适应性原则。为了更好地实现全国的均衡化发展,并得到各产业发展的最佳地域分配,法国通过“领土整治”,将全国划分成470个小农业区和22个大农业行政区,鼓励农村尝试进行多元化发展,持续优化农村各类资源要素的合理配置。在此基础上,法国进一步提出了要推动农村工业化,促进农村手工业、农产品加工业及小型农产品加工制造业的发展。同时,法国还通过设立“地方发展奖励”与土地税收优惠等措施激励企业在山区和农业地区投资建厂。此外,法国以巴黎为中心,向四周辐射建造铁路网和公路网,从而形成了较为完善的陆海空交通体系。这些举措既促进了农村工业和农业的快速崛起,又推动了城市人口向农村回流。

(4) 发展乡村旅游产业,创新农旅结合新模式

法国的乡村旅游是指农业产业与其他产业在互动中互相升级改造产业链,促使资源要素创新利用的新型交叉融合模式[220]。法国主要采用以下几种措施发展乡村旅游。第一,对传统农村建筑及人文景观进行了修复和保护性开发,以凸显乡村特色。在开发乡旅产品时,农场和商店出售的农副产品及纪念品坚持本地化原则和品质认证保障。第二,加强行业自我管理,建立健全制度规范。乡村旅游业协会对各个与旅游紧密联系的行业制定了行业规范和管理条例。第三,积极推行“农户+协会+政府”的经营策略。其中,农户为经营主体,主要任务是运用农业资源要素进行旅游产品的开发与推广;协会帮扶农户,为农户提供培训、咨询、营销、服务、信息等多种服务,同时向政府反馈农户的建议,并在政府指导下制定政策标准;政府承担资源开发保护的重要职能,对乡村旅游提供资金支持和补助津贴等帮扶政策。法国通过该模式将资源整合,形成了生态休闲、文化传承和农村体验等多种农旅产业与产品,拓宽了农旅产业链。

8.1.3　荷兰城乡产业融合发展经验

1. 荷兰城乡产业融合发展概况

荷兰城乡差别日益缩小的原因主要是荷兰政府推动现代化农业发展,并依托城市发展乡村集群经济,助力实现城乡一体化和产业融合发展。荷兰兰辛格兰市原市长范弗利特在一次访谈中指出,解决城乡发展不平衡的方法是合理进行全区域规划:确定关键城市并在这些城市周围设立乡村,能够在为城市提供所需资源的同时促进乡村发展。现代化农业是实现城乡融合发展的关键,它不仅包括机械化生产和科技应用,而且还涉及产业融合与产业现代化。现代化农业有助于形成完整的产业链,并将城乡产业有机融合在一起。尽管荷兰政府并未出台鼓励发展的政策,但随着生产

力提高和地域条件优势凸显,农业集群经济逐渐形成。过去,荷兰乡村产业相对独立,竞争较为激烈并导致许多企业倒闭,阻碍了产业发展。如今,在荷兰,城乡之间逐渐形成完整的农业产业链。以牛奶市场为例,弗里斯兰坎皮纳的农业合作社拥有奶加工厂和各类品牌产品,并通过自己的市场营销部门将产品推向市场,逐渐形成并扩大了产业链,促进了城乡一体化发展[221]。

荷兰农业发展迅速,主要依托于农业产业链的完善。在荷兰,家庭农场历来都是农业领域的核心经营单位和主要的组织方式,这类农场展现了多种经营上的特色,涵盖了专业化程度高的农产品生产。此外,随着家庭农场经营规模的逐步扩增和土地的私有化,作为主要劳动力的家庭成员与合作社的经营关系越发紧密,有助于构建规模化、集约化及生态友好的生产模式,并拓展了农场收入的渠道[222]。荷兰的农业部门采取了集中式行政管理,这一管理体系涵盖了从农产品的生产、加工、销售到国际交易、环境保护、教育培训及科学研究与推广等全方位的产业链环节,构建了一个全面的社会服务网络,以满足农业领域的多方面需求[223]。除了荷兰农业产业链之外,荷兰的花卉产业也形成了一条完整的产业链,并将不同的产业环节连接起来以形成利益共同体,以最大化地发挥集聚效应。例如,荷兰通过推行文旅、农旅融合发展,紧密结合旅游、文化、婚庆、花卉、康养五大产业,打造"花样经济"商业生态圈,不断丰富其产业经济布局。花卉产业凭借其色彩美、香味美、姿态美和风韵美等特点,独具旅游审美价值,因此带来眼球经济、愉悦经济、文明经济和生态经济的发展,带动"吃、住、行、游、购、娱"这旅游六要素的发展。此外,鉴于花卉业与其他产业的关联性强,由此可延伸出围绕核心花卉产业的体系化产业项目,从而有利于专业化集群模式的构建[224-225]。

荷兰在产业融合和产城融合方面表现出色。例如,埃因霍温高科技园区的兴建推动了荷兰南部埃因霍温地区的迅速发展,这一园区以其开放式创新的知识体系和研究机构而成为全欧洲备受瞩目的科技园区。作为一种特殊的空间形态,产业园区在提升土地产业价值、增强城市产业能力、吸引人口与资本等方面扮演着重要角色。同时,它致力于营造适合园区发展的生态环境,并将开放式创新和创造交流的空间理念融入园区的设计和运营中[226]。

2. 荷兰城乡产业融合发展的经验做法

(1) 完善农业等产业的扶持政策,健全现代化农业体系

长期以来,我国在农业产供销和农业工贸管理体制方面存在着分割和脱节的问题。我们可以借鉴荷兰作为农业发达国家的成功经验,在多个领域完善政策体系,包括农业、工业、旅游、科技、教育和流通等方面,重视政府等各部门之间的协同效应。具体而言,为了推动农业发展机制和农业现代化体系的创新,我国可以尝试采取以下

措施：通过促进业务融合和建立生产单位与企业联盟合作的方式，实现全方位、多层次和跨时空的协同运作，以完善整个产业链条，消除区域和产业之间的隔阂。这样既能够实现跨区域和跨行业的农业资源优化配置，又可以有效推动农村一二三产业的融合发展[227]。

（2）推行高科技和资源集约理念的产业融合发展模式

荷兰建立了科技、教育和技术推广“三位一体”的发展体系，这一体系在城乡产业融合中发挥了重要作用。我国应鼓励在城乡产业融合过程中进行新产品、新技术和新方法的研发，并加强对研究成果的产权保护。同时，还应重视科技成果在产业融合发展中的关键作用。随着生物技术、物联网、云计算等现代技术与各类产业的加速融合，我们应抓住机遇，深化产业融合发展，特别是要提升产品的科技含量。例如，荷兰通过构建花卉旅游产业集群化模式并不断提高园区科技含量，使产业内涵得到深化，产业链得到拓展，产业规模得以壮大，这不仅提高了产品竞争力和品牌效应，而且也间接促进了当地其他产业的发展。荷兰政府尤其重视农业科技研究工作，依托先进的农业科研体系，在精确、高效的设施农业基础上，发展高附加值的温室和园艺作物，并建立了完整的产业链体系。通过农业科学技术的创新应用，荷兰实现了高品质花卉、奶制品、蔬菜等农产品的集约化生产，不仅满足了国内需求，而且还大量出口，使得荷兰成为全球最大的农产品出口国之一[228-229]。

（3）注重生态环境保护，推动产业可持续发展

荷兰的农业发展迅速，正是因为荷兰坚持了农业产业发展的可持续性。不论是哪一种产业，想要达到产业发展的可持续性并发挥产业的多功能性，首先就是要有一个良好的生态环境。但实际情况中，很多产业的发展都忽视了生态环境的保护，主要表现在污水处理不恰当、环保不达标等方面。这不仅会提高生产成本，而且也可能会影响产品质量安全，还会污染环境，破坏生态平衡，从而形成恶性循环。只有将生态环境保护放在首位、确保良好的生态环境，才能最大限度地实现产业的可持续发展，才能为实现产业的多功能性创造有利的条件，进而促进产业融合并不断拓宽产业链。

（4）注重信息化基础设施建设，构建产业发展平台

荷兰注重发展基础设施，特别是在农村基础设施建设上投入很多资金，并通过建设信息服务的大数据网络平台，为农村农业发展创造了有利条件。值得注意的是，在荷兰国家层面的财政预算中，农业科研投入占据了 20%的份额。因此，我国也应该鼓励增加各类农村基础设施建设的投资，特别是要加大对产业的研发投入，让城市与乡村连通起来，为产业融合提供良好条件。同时，也要加快构建相关产业平台，整合相关产业，提升产业发展的信息服务水平，为拓展产业融合路径及促进产业链的延长和贯通奠定基础。

（5）发挥政府服务与企业带动作用，促进产业融合

一方面，为了提高服务效率，需要相关政府部门转变职能，简化和优化入驻企业与研究机构的登记准入、办证制度和人才引进等手续；另一方面，鼓励园区企业和研究机构打破壁垒，创造开放式的交流空间，以促进创新成果的共享和合作。同时，建立成熟的商务生态系统，营造有利于研发人员共同工作的开放环境，推动创新产业的发展，加速实现产业融合的多样化。此外，在企业方面，为了构建创新生态发展模式，我国需要充分发挥龙头企业的引领作用和溢出效应，并积极吸引中小企业入驻。同时，加速建立“龙头企业+中小创新企业+公共服务平台+高校”的合作模式，通过促使龙头企业与高校在应用基础研究、技术创新、科技成果转化等方面建立全面的战略合作关系，共同建设联合实验室、协作创新平台等合作机制，为产业融合提供有利的发展平台。同时，鼓励龙头企业带动中小企业向社会提供创新服务，促进产业创新发展，实现城乡之间的产业融合。

（6）充分利用比较优势，促进产业融合

20 世纪 50 年代以来，荷兰农业发展的调整策略是利用地势低平、降水充沛、土壤适宜牧草生长等自然条件，将重点从土地密集型农业转向畜牧业和园艺业。目前，荷兰大田种植业只占农业生产总值的近 10%，而畜牧业和园艺业分别占 55% 和 35%，谷物生产则不足 1%。通过比较优势，荷兰形成了以畜牧业和园艺业为主的土地集约型农业结构。这既满足了城市消费需求并为城市农产品加工业提供了丰富原料，从而促进了城镇化的可持续发展，同时又通过花卉业不断延长产业链，加速产业融合发展[230]。

8.2 日韩国家城乡产业融合的经验借鉴

8.2.1 韩国城乡产业融合发展经验

1. 韩国城乡产业融合发展概况

韩国的产业融合发展是在借鉴日本经验的基础上，结合韩国独特的历史和现实条件进行改造并实施的。根据韩国学者对农村产业融合发展的理论总结来看，韩国的产业融合主要参考了日本学者今村奈良臣提出的“农业六次产业化”理论。根据该理论，“六次产业”概念的内涵包括农林水产等传统第一产业、食品加工等第二产业以及流通、销售等第三产业。其目的在于赋予农业从业人员类似于第二和第三产业所获得的利润附加值，以此增强从事农业生产的积极性。“六次产业”的具体表现形式非常丰富多样，例如打造农产品品牌、直接向消费者销售、经营餐厅、提供住宿以及发

展农业观光等都可以归类为六次产业的范畴[231]。也有学者认为,韩国的"农业六次产业化"主要基于农村居民或农村地区的主导地位,旨在突破农业仅仅局限于"生产"的狭义范畴。韩国考虑到消费者的食品消费模式发生变化,于是便将农业延伸至观光、交流、治愈以及福利等多个领域的产品开发。这样做是为了满足不断变化的消费需求,并为农业创造更多的发展机会。这一转变使得农业不仅仅局限于传统的农产品生产,而是将农业与其他领域相融合,创造出多样化的产品和服务[232]。

韩国产业融合的例子有很多,大酱产业则可视为一则典型案例。例如,韩国江原道著名的大酱村就通过发展大酱助推产业融合。身处大酱村,不仅可以欣赏大提琴演奏会,而且还可以获得参与绿茶冥想体验的机会。鉴于大酱村的产业发展符合市场消费者的需求,所以其通过大酱打造出了一条文化观光特色产业之旅。此外,韩国的普罗旺斯村创新农旅融合新思路,现已成为备受游客向往的热门景区。该村并未采用常规的方式,如沿公路开设果园、特产摊位和农家饭店等,而是利用公路交通优势逐步扩大生产规模。以一家法式餐厅作为起步,普罗旺斯村逐渐发展成为一个具有南法风情的童话小镇,现已成为集欧式餐饮、花园烤肉、生活创意等多个元素于一体的综合体。该村侧重于营造高颜值、浪漫十足的环境,打造丰富业态的美拍胜地,发展夜经济,以满足消费者的多元化需求。

2. 韩国城乡产业融合发展的经验做法

(1) 健全法律法规体系,实施差异化策略

韩国城乡产业融合发展的制度基础是完善的法律法规体系。自 1967 年韩国政府颁布《农业基本法》开始,经过多次修订和整合,现已形成了一套相对完善的农业法律法规体系。韩国乡村成功实现了"六次产业化",这一成就与完备的法律体系密不可分。在推进城乡产业融合发展的过程中,基于居民的消费结构和需求,韩国政府致力于为消费者提供优质、安全、环保的农产品,并采取因地制宜的差异化管理策略。政府通过实地考察和调研,根据各地农村的自然资源和基础设施条件,制定适合当地情况的城乡产业融合发展战略规划。鉴于此,中国应加快建立与城乡产业融合发展相适应的法律法规体系,确立城乡产业融合经营主体的合法地位,保障其合法权益,并为产业融合过程中的要素使用提供法律依据。

(2) 不断完善城乡产业融合发展的政策支持

通过设立地区单位(政府)型产业融合地区以及制定一系列支持项目,韩国逐步实现了工商企业进入农村,为农村地区提供了更多的创业和就业机会,促进了一二三产业的交叉和融合发展。政府主导的这一举措能够更有效地弥补农业经营主体在意识和能力方面的不足。在农林畜产食品部的领导下,韩国成立了中央级农业产业科和省市县多级的六次产业管理科。这些组织机构合理承担和分解了与"六次产业化"

相关的法律和政策的顶层设计工作，同时也支持了地区层面的产业发展规划、政策执行和管理推进等任务[233]。

(3) 完善产业融合发展中的利益联结机制

积极利用政府、农业合作组织和龙头企业之间的纽带作用，韩国在乡村产业方面采取了一系列措施。为确保农户的合法权益不受损害，这些措施涵盖了与农户、家庭农场和农协签订农产品收购合同的经营主体，如农产品加工企业和龙头企业。同时，确定合理的收购价格以建立稳定的合作关系并保障农户的权益。在政府的引导下，农协扮演着主要推动者的角色，而农户则积极参与其中。特别地，在政府和农协的支持下，相关合作体系不断创新销售模式，促进了农业、工业和商业的融合发展，推动了更多领域的产业融合[234]。

(4) 以创新驱动促进全产业链发展

在韩国“六次产业化”模式中，创新驱动是非常重要的一环。韩国政府重视农业科技创新和农业信息化应用，通过加强研发投入，推广智能农业设备和技术，提高农业生产效率。同时，韩国政府制定了“农业技术移植”计划，将现代化科技和优秀品种引进农村地区，提高了农业生产力水平。此外，韩国政府倡导创新创业，支持农民尤其是青年农民等群体开展创业活动，鼓励他们通过创新创业来实现自我发展。例如，可以通过引入新的营销模式，开发高附加值产品，拓宽销售渠道等为农民增加收入和就业机会。具体来讲，韩国政府注重农业科研和技术创新，通过资金支持和政策激励，鼓励大学、研究机构和企业加强农业科研合作，推动新品种培育、农业生产技术改进和农业装备创新。例如，引进先进的农业机械设备、智能传感器、遥感技术等以提高土地利用效率、水资源管理和作物生长监测能力。韩国积极推动农业信息化发展，通过建立农业管理信息系统、农业气象监测网络等以提供实时的农业数据和信息服务，从而帮助农民进行合理的决策。通过信息化手段，农民可以了解市场需求、价格变动等信息，进而可根据市场行情优化种植结构、调整生产计划、提高农产品市场竞争力。

8.2.2 日本城乡产业融合发展经验

1. 日本城乡产业融合发展概况

日本位于东亚，由 200 多个小岛组成，总面积为 37.8 万平方千米，2021 年末人口达 1.26 亿。在日本农户的专业生产结构中，具有地域性的“一地一品”生产策略尤为引人注目。不仅各地区都具备独特的产业特色，而且每一位农户生产出的主导农产品也各具特点，由此形成了优势互补、互相依赖的关系，共同塑造了日本农业经济错落有致的整体架构。因此,日本农业有“观光农业”“旅游农业”之称。日本农协制度中的典型模式是“一村一品”[235]。此外,日本政府还积极促进农村土地流转,不断扩大农业规模,并制定了农村基本经营制度,使地方社区在城乡产业融合发展进程中的作用得到了充分的体现。

随着日本城镇化发展不断深入,农村人口大量转移到城镇地区,乡村老龄化问题加剧,使得乡村产业发展陷入了劳动力不足的困境中。与此同时,农林牧渔生产的利润被转移到第二、第三产业部门的比例不断扩大,第一产业的产品利润占比却越来越低。在此背景下,日本学者今村奈良臣提出了“六次产业化”理念,即第一产业、第二产业与第三产业两两交叉融合,侧重将农业向工业和商业延伸,共同开发具有长期稳定交易合同的商品和服务,特别是将过去外溢的就业岗位、附加收益等农业产业红利内部化。从一二三产业的简单相加过渡到一二三产业的相互融合与深度合作也更加强调了农业在产业链、价值链中的主体地位。

2020 年度日本农林水产省对“六次产业化”运营现状进行的六期调查数据显示:农业内实施“六次产业化”管理的企业及组织总量为 64 161 个,其中专注于农产品加工和直接销售的独立经济实体数量更是高达 56 400 个,占全部经营者总数的 87.96%。在渔业领域,实施“六次产业化”管理的企业及组织共计 3 590 家,其中水产品加工占比为 42%。从生产总额来看,农产品加工与直销的经营额约为 19 721.36 亿日元,占农业生产总额的 97%;水产品加工的经营额约为 1 660 亿日元,占渔业生产总额的 78%。由此可见,在日本“六次产业化”进程中占据优势地位的环节是以农产品深加工和农产品直接销售形式为主的产业链深入拓展模式。

2. 日本城乡产业融合发展的经验做法

(1) 以法律政策为基础,多主体共同促进产业融合

日本农业发展的逻辑表现为“外发促内生”的发展方式,它是利用“外发性”的动力来推动“内生性”的增长。农业是日本的一项高补贴和保护行业,主要涉及农业合作社、农业委员会和农业互助组织等农业保护性组织。同时,日本政府、政党团体及消费市场也在不断推动着产业融合的进程。此外,日本的农业和林业部门已经创立了十几个部门,致力于从上到下为“六次产业化”提供服务。例如,内阁官房负责制定基本的政策,统计局负责提供信息分析,消费者安全局负责农产品质量和安全。特别地,2013 年,由政府与民间组织共同出资设立的 A－FIVE 基金成立,其目的是给予农林牧渔从业者资金和经营管理方面的协助。

日本通过对《农地法》《土地改良法》《农业振兴地域整备法》等相关法律法规进行修改,推动了农村土地制度的改革;通过制定《农业基本法》《山村振兴法》以缩小城乡居民的收入差异。特别地,《农业经营基础强化法》《农地利用增进事业法》是日

本实施的另一项重要法律法规，其确保了日本的农业产业化。此外，为了提高农业生产运作的效益，日本于 1993 年制定了《农业者认定制度》，该制度以农民的个人收入状况为衡量基准，将那些投身于农业生产领域且具备相应技能和经验的农民认定为专业户，推动了农村土地资源的有序流转，使之能够集中到“认证农业生产者”手中进行规范化利用管理。同时，国家也针对这些专业农户提供了必要的金融支持及优惠政策，以期达到促进农业发展、提高农民生活水平的双重目的。此外，日本还构建了相对完善的农业保险制度与体系框架，以此来降低农业经营过程中所面临的自然灾害风险对广大农民群众造成的经济损失。最后，《半岛振兴法》《促进过疏地区自立特别措施法》《新食品农业农村基本法》等相关法律法规也是如此，它们与上述相关法律法规相辅相成，形成了一个有机整体，保证了日本产业融合发展战略的连续性。

2008 年，为增强农村经济实力，日本提出了名为《农山渔村第六产业发展目标》的倡议。至此，一个前所未有的概念——“第六产业”诞生。2009 年，日本农林水产省制定了《六次化产业白皮书》；2010 年，象征着“六次产业化”正式启程的《六次产业化・地产地消法》正式实施。与此同时，一系列关乎“第六产业”发展方向及操作指南的纲领性文件，如《农山渔村六次产业化政策实施纲要》《农业主导型六次产业化准备工作实施纲要》，也逐渐发布。在 2013 年 2 月 28 日举行的日本国会讨论中，政府进一步明确了要采取合并第一产业、第二产业及第三产业的策略，并致力于全面推广落实农村地区的“第六产业”发展指导思想。此项政策的初衷在于，通过加强对农产品生产、加工、流通及销售环节的整体性规划，以促使日本农业得以向具有全球竞争力的方向进行转型升级[236]。

（2）大力推行“地产地消”模式

“地产地消”是指生产出的农产品主要用于当地居民消费，并将制造、运输和零售等环节内部化。具体来讲，该模式为农户供应农产品，农协帮助将产品进行包装与再加工并进行推广销售，周边城市人群“下乡购买”，最终使得农业产值最大化地留在农户手中[237]。例如，日本规模最大的农产品直销店“伊都菜彩”就是由当地农民合作社出资建设并运营的，其距离中心城市福冈约 30 分钟车程，并以福冈市民为主要消费人群。在农协的管理下，农产品因生产可溯源、产品质量可控，从而受到城市居民的欢迎。基于此，农产品凭借“定向销售”来保证销路，农产品直销店也为当地农民提供了就业机会，而且其相关的生产与服务流程均促进了当地农民的收入增长。

（3）重视人才培育，推动科技创新

日本非常重视对“六次产业化”的人才培育，因此培养了众多“协调者”。“协调者”是指既具有农业技术，又擅长商品开发与销售推广的全面人才。为了提高农村地区商业人才的综合素养，日本政府特地筹划了专门的培养计划。该计划为所有立志于涉足“六次产业化”领域的个人或企业量身打造，提供包括可再生能源、环保、旅游等多元领域的专业知识培训。更为重要的是，此培训计划会着重提升个人或企业在人际交往及组织管理方面的能力与素质，以此推动“六次产业化”理念及其影响力的进一步扩展与深化[238]。培养计划课程涉及现场培训、在线讲座、农场参观实习等多种形式，培养内容则包括启动培训、事业战略和市场战略等，并由知名大学或科研机构派人进行授课。具体而言，启动培训着重阐述农村地区人才培育方案的基本流程，深入剖析“六次产业化”的广阔前景及发展趋势，解读农林业水产及其相关产业的最新政策走向，列举并学习多个六次产业与各行各业深度融合发展的案例。至于事业战略部分，其主要包括内部和外部团队建设方法的基本概念、商品服务的流通网络建设、企业经营理念的塑造以及对市场环境的深入了解。而在市场战略这一环节，主要涵盖了对财务会计与资金筹集、商业计划制定、调整及评估等内容的深入解析。

由于农业领域劳动力短缺，日本推出了“半农半 X”方式，鼓励居民在从事其他工作的同时，可以将从事农业生产作为一项短期工作。对农业感兴趣的城市居民可尝试与农村地区的农业、旅游和住宿业进行合作，创新工作方式。在这些举措的助力下，就业方与受雇方灵活应对农业工作时间、就业形式及居住地区等内容，使得参与各种农业生产的方式成为可能。

2019 年起，机器人、AI、物联网等先进技术助力实现了智慧农业的实际应用，日本也尝试在 182 个地区实施了智能农业示范项目。其优点在于生产者之间的数据共享大大提高了产区产量，提升了经营管理效率；缺点在于智能农业机械的使用更适用于耕地超过一定规模的地区，而且目前缺少智能农业机械操作人员。

8.3　中国典型区域城乡产业融合的经验借鉴

8.3.1　成都城乡产业融合发展经验

1. 成都城乡产业融合发展概况

作为统筹城乡综合配套改革的试点之一，2020 年成都 GDP 超过 1.77 万亿元，农业总产值超过 1 000 亿元，无疑具备了成为全国城乡融合发展示范城市的优势条件[239]。

现阶段，成都积极助力城乡产业融合发展，现已初步构建起数字农业、农产品加工业、物流电商以及乡村旅游业等多种新业态、新模式并存的局面，而且农村发展的多功能性也得到了显著扩展。一是农产品供给质量不断提高。随着生活水平的改善，居民逐渐提高了对农产品特色化和功能多样化的要求，由此促使成都在进行农业经营时更加重视绿色化与高端化的产品供给与需求，并逐渐实施了精致农业、品牌农业的发展策略。特别地,围绕"天府源"而构建的农产品品牌体系正不断完善,"区域、企业品牌+农村电商平台"的经营模式也逐渐在多地得到推广和应用[22]。二是乡村旅游的功能性升级。成都市凭借其得天独厚的自然条件、博大精深的文化内涵而长期位于全国乡村旅游业的发展前列。在用地机制逐渐灵活的背景下,农村土地的复合利用程度也不断加深,不同资源要素之间的内在联系越来越紧密,大大促进了资源共享与产业创新的协同发展。最近几年,成都各县区的本土美食、山地运动、亲子活动以及精品民宿等复合产业蓬勃发展。截至2020年年初,成都已创建了38个A级乡村旅游基地,形成了一大批以"战旗村"为代表的农村旅游示范点。据悉,2020年成都乡村旅游总收入已超过500亿元[22]。伴随着城镇居民对田园风光向往程度的提高,成都的乡村旅游将持续展现出良好的发展态势。三是乡村的生态修护功能更加明显。由于农村生态资源日渐稀缺,居民逐渐提高了为享受到良好的生态福利而进行支付的意愿,进而提高了基于绿色环境而提供的生态产品或服务的价格。鉴于此,成都及时抓住了该发展机会,注重将乡村的生态价值纳入城乡产业的融合发展中,并不断拓宽农村生态价值的转换路径[240]。现阶段,发展生态经济已成为实现成都城乡产业融合及绿色可持续发展的重要抓手。

在全面推进并深化农业农村改革的背景下,成都第一产业的投资速度显著加快,城乡之间的各类生产要素均展现出了较强的发展活力。自2003年开始统筹推动城乡发展以来,成都在不断提高城镇化率的同时,也陆续摸索出了许多缩小城乡产业发展差距的有效路径。例如,在全国范围内率先推行农地的"三权"分置改革,并创建了以农业产业化联合体为代表的、适用于农业规模化经营的模式[241]。与此同时,成都创建的农村产权交易所也为其他地区开展农村土地交易活动提供了经验借鉴。此外,成都还进一步优化了涉农金融产品及服务,通过构建"农贷通"服务平台及产权交易保障基金,有效支持了各类资本投向农村地区。特别地,伴随着农村交通基础设施的不断完善和通信网络普及率的提高,城乡之间的交流日益密切,这使得城乡产业的发展边界逐渐模糊,从而为农村地区产业结构的优化升级和城乡产业融合提供了广阔的发展前景。

2. 成都城乡产业融合发展的经验做法

(1) 坚持"1"个战略思想和"1"个目标定位

发达的产业是乡村振兴的重要基础,而助力现代化农业发展则是推进乡村振兴的核心举措。成都不断贯彻落实乡村振兴战略的基本要求,始终将城乡产业融合的重点行业领域和环节放在首要发展位置,积极推动农业和现代化产业的协调发展,注重通过发展现代农业来推动农村产业振兴。

成都在进行城乡产业融合发展时,一直紧紧围绕农业农村不同阶段的发展特征,坚持以产业兴旺为核心，并逐渐构建起绿色、协同、融合的产业发展新格局。与此同时，成都不仅借助现代化、都市化的农业建设推动城市可持续发展，而且还将大生态观与统筹城乡发展进行了有效结合，推动了“水田林城”城市格局的建设。此外，成都还以现代新型农业化示范城市建设为目标，致力开拓一条与城市可持续发展理念相适应，且具备成都本地特色的城乡产业融合发展之路。

（2）坚持“3”条发展道路

第一，坚持融合思想，以融合发展助力产业优化升级。三次产业进行融合发展是推动产业高质量发展的重要举措。例如，成都的“农、商、文、旅、体”融合就是城乡三次产业协同发展的典型表现形式，也是成都依托于自身发展情况，并在综合考虑传统文化习俗以及优势资源禀赋的基础上而探索实践出来的可行性路径。首先，发掘特色及优势，培育新产业。成都充分发挥农业和服务业的基础优势，陆续开展了“农业+文化旅游”“农业+康养”“农业+物流电商”等产业合作方式。同时，还推动农业发展多功能区成为实现城乡三次产业融合发展的重要载体，并着重推进休闲旅游、文化旅游等新经营模式的实践发展。其次，交叉、渗透、融合，催生新业态。打破传统农业的发展限制，积极引导在城中社区发展农业，创新发展城市公共景观“微农田”和农业公园等新型农业运营模式，这有助于实现农业从传统的仅在农村发展逐步适当转移并融入城区发展中。

第二，坚持绿色理念，走可持续发展道路。鉴于全球农业发展的不可逆趋势，绿色发展既是城市生态文明建设的保障，也是城乡产业融合发展的必经之路，其中彰显了由外延粗放式增长演变为内涵集约式发展的历程。鉴于此，成都通过建立健全绿色化与生态化的发展体系，逐渐完善了与环境承载力相匹配、与居民生产生活方式相协调的新型城乡产业融合发展格局。特别地，针对农产品来说，要增强对生产和监管这两个方面的重视程度，引导农业发展遵循绿色的生产方式，加速能源消耗生产模式转向绿色节能减排的可持续发展模式，构建并完善农产品的质量保障系统，加强对涉农产品的质检管理，保证农产品的质量达标。针对城市生态系统，应深入贯彻落实“双碳”发展观，侧重将环境保护与城市建设相结合，有效借助农田、森林、湿地等生态资源，为居民提供绿色生活空间。此外，还可以推动屋顶农业、社区花园的建设发展，以更好地优化城市绿地系统。

第三，坚持开放合作的发展理念，拓宽区域协同发展道路。“一带一路”倡议及自贸试验区建设等相关战略均为成都对外开放提供了良好的机遇和外部环境，促使其从内陆腹地转变为开放协作的前沿城市。一是围绕“七大共享平台”进行建设，致力于带动整个四川的发展。特别是通过对农地、资金、技术及人才等要素资源进行优化配置，并有效借助农业发展多功能区，为其他城市创建并完善协同共享的合作平台。二是充分利用建设成渝经济圈的发展机遇，辐射全国。具体以“成、德、眉、资”同城化建设为试点，助力并实现这四市农业的可持续发展，特别是积极鼓励并引导龙头企业率先在德阳、眉山和资阳设立原料生产及加工基地。推动与重庆在技术推广、产品经销及人才培养等方面的协同交流，助力现代化且具备发展特色的成渝农业经济带的发展建设。三是有效利用自贸试验区和“蓉欧+”的建设机会，深化“一带一路”发展理念，扩大了涉农产品的生产经营市场，进而借助国际力量推动成都的城乡产业融合发展。

8.3.2 苏州城乡产业融合发展经验

1. 苏州城乡产业融合发展概况

近年来，针对制造业和服务业用地需求量增大、农业生产和农村生活空间不断被压缩的情况，苏州建立并完善了“四个百万亩”运行体制机制。除去保护优质且极具特色的水稻、水产、园艺以及生态林地之外，其还具有巩固和扩大“三农”发展空间的作用。此外，苏州在推进“四个百万亩”工程的同时，不仅加强了对涉农基础设施的升级改造，而且还深化了对现代农业科技的推广普及，从而奠定了城乡产业融合发展的基础条件与根基。

针对产业融合主体的培养，主要是从积极引导龙头企业和强化对职业农民的培训这两个方面进行。作为城乡产业融合发展的重要载体，龙头企业在“三农”中具有无可取代的引领和支持价值。《2020 年苏州经济和社会发展概况》统计，截至 2020 年年底，苏州市县级以上的涉农龙头企业的销售总额高达 1 530 亿元，其收入来源涉及生产加工、物流仓储及农村电商等三产融合发展的多个方面；现代农业园区面积达 140 万亩，新增了 4 家市级农业园区和 1 家省级农业示范园区，新注册了 12 个农产品地理标志。同时，吴江区也顺利通过了建设国家现代农业产业园区的审批工作。此外，在政府的引领下，全市新设了 20 家市级以上的涉农龙头企业，创建了 20 个农业经营联合体。

要实现城乡三次产业的融合发展，则必须构建一批掌握农业生产技术、擅长农产品运营的新型农民人才队伍。据苏州市农业农村局数据，截至 2021 年 9 月，全市已培育新型职业农民 6 714 名。与此同时，苏州市政府还构建了适用于职业农民的、将个人缴费与政府补贴相结合的社保缴纳制度。并借此机会继续加大对职业农民的扶持力度，致力于解决其最为关注的户籍和土地承包等重点问题。此外，政府借由与高校进行合作交流的机会，不仅陆续为职业农民提供了专业技能提升等培养服务，而且还为其开展了与新品种、新工艺、新技术、新设备及新经营模式相关的学习实践活动。

苏州坚持在充分利用地区优势的基础上，顺势而为地促进产业“嫁接”，并持续优化产业融合模式。一是助力涉农产品加工业成为推动城乡三次产业发展融合的核心“媒介”。一方面，要推动农产品在产地的初级、精深、综合加工和集中运输配送；另一方面则要助力从事农产品加工的龙头企业实现规模集聚发展。此外，还要重视农产品仓储运输及农村电商等新业态、新模式的发展。二是大力发展“互联网+”现代农业，重点支持并培育大闸蟹、杨梅等特色产品实现电商与品牌营销。特别地，2021 年苏州全市农业电子商务销售额超 164 亿元。三是使用政府主张、农旅结合、村镇协作和农户参与的方式，发扬农业特色文化，拓宽农业的现代化功能并创建一系列有特色、有品质的，并将休闲观光、养生与沉浸式体验相结合的乡村精品旅游线路。由 2023 年苏州专场推介活动可知，2022 年全市的休闲农业经营主体已超过 2 600 家，相关从业人员达 4.7 万人，年营收超 60 亿元，助力近十万户农村家庭实现就业及增收。

总之，苏州不仅具有平稳而合理的产业基础和空间格局，而且其三次产业融合也已初具发展规模。苏州注重且深化农业与工业、服务业的协同发展，通过明确和巩固农业发展所具有的生活、生态等方面的不同功能定位，逐渐构建且完善了各具特色的农业产业链，逐渐促成了农业与第二、第三产业的融合发展。同时，随着农业现代化发展水平的不断提高，苏州还特别重视农业生产经营方式的优化升级，重点发展涉农产品的精、深加工业，品牌及休闲农业，扩大优势产业的区域经营范围，健全产品的经销理念与模式，助力农业的现代化发展。除此之外，苏州还深入贯彻城乡一体化发展理念，持续优化涉农产业的生产经营方式，积极尝试缩小城乡之间的各项发展差距。例如，苏州将示范性家庭农场作为重点推行模式，优先考虑并安排与之相关的扶持发展项目，从而为实现农业发展的创新、升级及转型提供了驱动力[242]。

2. 苏州城乡产业融合发展的经验做法

（1）一产内部融合发展

虽然农业内部进行融合无法等同于三次产业的融合发展，但是苏州创新性地将多元复合种养作为重点经营模式进行推广，并取得了显著成效。具体则是将鱼、虾、鸭等家禽的养殖与稻田种植相结合，并推行“立体”种养模式，这不仅适合苏州的精细化农业生产，而且还有助于提高农业生产率。特别地，已有实践成果既包括相城区的“稻、虾、鱼”融合模式，又涉及常熟市农业示范区的“稻—畜”种养循环发展模式。此外，农业内部融合无疑是符合《长三角生态绿色一体化发展示范区总体方案》的，即该模式可以助力生态循环农业的快速推行。

（2）一产和二产融合发展

农业产业链由产前扩展延伸至产后环节，加速了农产品加工业的发展。以水稻生产经营为例，“临谷香大米”“江南味稻大米”等众多本土品牌已被越来越多的人所选择，助力实现了从“卖稻米”到“卖品牌”的战略转型，推动了苏州大米走出属于自己的精品路线。以养殖业为例,“苏太猪”凭借其外在美观、饲养方便、味道鲜美以及销售便利等优势已被市场广泛接受,为带动传统养殖业转型升级为发展肉类加工和销售等业务创造了更多的契机。除此之外,太仓肉松、太湖莼菜及苏式糕点等极具本地传统乡土文化特色的优势品牌均是苏州农产品加工业对推广“一产+二产”融合发展模式的最好响应。

(3)一产和三产融合发展

苏州除积极推动农业产业链的延伸之外,还丰富拓展了涉农产品的种类及服务内容,具体可划分为如下三种情况:一是向后延伸,主要涉及农业与物流仓储、电商及餐饮的协作。一方面,苏州已创建了昆山柏庐等涉农产品交易中心;另一方面,苏州推行“农业+互联网”发展模式,2017 年全市已拥有两千多家涉农电商企业。二是向前延伸,典型代表为农业与金融、通信等方面的融合。除去利用基因组测序技术维护杨梅种质、丰富国家猪品种基因库之外,苏州还加速构建涉农信息的采集系统、完善数字技术与农业经营的协作体系。三是拓宽产中环节,具体则体现在休闲度假、采摘体验及文化传承等方面。特别地,苏州还积极推动共享农庄和农村精致旅游的发展,重点加速第一产业与消费性服务业的交叉渗透。

(4)三次产业融合发展

苏州重视农业与二三产业紧密衔接的优势,支持并引导产业融合、产城融合与城乡融合,相关措施主要有以下三个方面。一是积极推广代耕、代种和代收服务,重点推动农田统管、统一防治、集中贮存运输和网络销售推广等集市场化和专业化于一体的生产经营服务模式,助力实现三次产业的交叉渗透,并通过提高农业附加值和延伸产业链助力三产联动发展。二是持续推进产城融合。苏州在助力“三农”与现代服务业进行融合的同时,还积极推动了特色小镇、示范村落及康养示范区的建设。特别地,2021 年中国特色小镇 50 强中有 4 家归属于苏州。三是坚持城乡一体化发展,苏州主要在城乡公共服务均等化、农村人才培养、土地资源配置以及财政金融扶持方面取得了有效成果。

8.4 本章小结

本章主要是案例分析,具体是以美国、法国、荷兰、日本、韩国以及我国苏州和成都为例。在工业化和城镇化进程中,对以上不同类型经济体的城乡产业融合发展情况和发展方式作出概述,可以给中国式城乡产业融合发展提供一些参考,有助于在政府主导下又好又快地进行城乡融合发展。

总体来说,欧美国家城乡产业融合取得了不错的成绩,其主要的经验做法有充分发挥农业经营主体功能、支持教育和高新技术发展、完善补贴政策和法律法规、注重基础设施体系建设等;韩国主要涉及因地制宜实施差异化策略和政策支持、注重产业融合发展中的利益联结机制等;日本主要包括大力推行“地产地消”模式、重视人才培育、发展科技创新等。作为全国统筹城乡综合配套改革试验区,成都在城乡产业融合发展方面极具优势。究其原因主要是:一方面,成都深入贯彻落实乡村振兴战略思想,坚守产业兴旺这一核心要义,并以现代化农业建设统筹城乡发展;另一方面,成都立足于自身实际情况,积极以农、商、文、旅、体融合推动城乡产业融合,坚持绿色化和生态化农业发展,坚持合作开放和区域协同发展理念。作为“鱼米之乡”,苏州主要是以六次产业理论为基础,通过推行“一产内部”和“一产+三产”等产业经营模式,助力了城乡产业的转型与融合。对这些典型案例进行分析有助于为中国全面进行城乡产业融合提供丰富的经验借鉴和启示。

第9章　优化城乡产业融合发展的对策建议

之前的章节对中国城乡产业融合的理论基础、现状、存在问题及影响因素等进行了阐述，并对构建城乡产业融合发展系统及机制提出了相关建议。在此基础上，本章结合其他国家或地区城乡产业融合发展的先进经验与中国实际情况，尝试为推动中国城乡产业融合发展提供针对性的对策建议。城乡产业融合是一个不断深化的过程，这既离不开政府政策的顶层设计，又需要各参与主体发挥主观能动性，积极探索产业融合的新模式，推动其向高水平、高质量的深度融合方向转变。此外，优良的营商环境和完善的利益联结机制也为城乡产业融合提供了支撑。基于以上认识，本章主要从产业政策与制度、融合主体、利益联结机制、农村要素及现代化产业链等几个方面提出政策建议。

9.1　强化城乡产业政策与制度创新

9.1.1　完善产业融合政策

城乡产业融合发展需要国家给予政策扶持，特别是要为乡镇企业招商引资以及优化营商环境打下坚实基础。同时，应稳步而慎重地推进农村宅基地制度改革试点，处理好土地与农民的关系，完善宅基地的权能，并通过农村土地产权制度和金融体制改革为各经营主体提供要素支撑。

由于农业的发展具有较长的滞后性，这使得我国城乡经济结构的二元特征愈发突出，导致了城乡之间的产业融合状况不佳。为了减缓其对城乡融合发展产生的负面影响，迫切需要从产业政策方面给予支持。具体可以通过建立健全农业支持保护制度、完善城乡产业融合发展的科技支撑体系以及构建城乡财税政策一体化机制等助力产业融合发展。

首先，作为一个人口大国和农业大国，构建一个覆盖面广、针对性强、注重实效、配套完备及可操作性强的农业扶持和保护体系，有助力提高农业优先发展的精准度、稳定性和实效性，从而为我国农业产业的转型升级提供有力的支撑与保障。其次，要构建完善的农业投资增长机制,增加对农业的基础设施投资,补齐短板,构建起与之相适应的利益关系。同时,依托高标准农田,创建农产品生产基地并提高粮食生产能力。此外,完善粮食主产区的利益补偿机制,提高政府重农抓粮及农民从事农业生产的能动性。最后,在此基础上,构建农村财政与税收相结合的制度体系,以更好地服务于城乡产业融合发展。建立农村与城市之间的投入体系与机制,增加政府对农村的支持力度与比例,以切实解决多年来的资金不足问题,为农村的发展提供有力的支持,进而提高其生产条件与产出水平。

9.1.2 创新融合型产业监管机制

产业融合会打破原有的产业边界,此举既可能受到现行监管体系的阻碍,又可能会误入监管的空白地带,从而造成市场的混乱甚至是垄断。为了应对这一情况,发达国家采取了一种具有包容性与稳健性的监管方式,并尽量为城乡产业融合发展提供便利。

早在2010年,美国政府就对横向并购中市场垄断的认定提出更高要求。2015年,英国金融监管局首次引入"监管沙盒"这一全新的监管概念,这不仅为监管人与被监管对象之间的沟通与互动提供了一种全新的方式,而且还推动了金融技术领域的创新。为避免农户对商业资本的过度依赖,日本政府限制商业资本直接收购农场,并对相关法规进行修订以逐年放宽对农户的经营约束,而工商业流转土地的政策也逐渐从严格的准入门槛过渡到强化监督管理及有效使用方面。

在数字经济迅猛发展的背景下,应最大限度地利用数字技术优势对产业融合进行赋能,特别是要在数据隐私保护、反垄断、保护消费者权益等方面加强监管,推动互联网、大数据、新媒体和其他新兴技术与城乡产业融合监管的深度融入。同时,以互联网定向监督的方式建立健全激励与纠错机制,优化落实柔性执法方式,将执法记录与市场监管信息相联系,开展动态监督评价,有助于提升行政管理效率。

总之,在推进城乡产业融合的进程中,我国要积极吸取国内外城乡产业发展的先进经验,对现有的政策方针进行梳理,及时废止或修改不适合产业融合发展的规定,致力于为城乡产业融合营造与时俱进、包容性更强的监管环境。同时,严格规范各市场经营主体的行为,构建行之有效的风险防范机制,尽可能避免产业融合进程中可能出现的市场失序或市场垄断现象。

9.1.3 提高财税与金融政策的靶向性

要解决中小企业的融资难题,首先,必须加大财政的投资力度。在供给方面,要加快农村金融服务业的发展,需降低农村资金的准入门槛,优化农村金融机构的空间布局,对金融产品的贷款期限、贷款金额等进行合理的规划。同时,通过税收优惠、政府补贴和政府采购的方式,对农村企业和农民专业合作社进行扶持,并积极开展各类社会化服务。其次,以项目建设和发展为契机,把工商资本引进农村,并以多渠道、多元化的方式吸引民间资本和外资进入农村建设龙头企业。特别地,在金融资源有限的条件下,整合涉农财政资金,对于重点投资项目集中投入,并按照投资计划有的放矢。再次,对符合区域发展比较优势的农村产业融合项目提供资金支持,相关金融政策要立足于当地发展特点并重点关注城乡产业融合的金融效率,以适应新业态、新主体和新形势下的产业融合需求。此外,针对不同的经营主体,金融政策也应有所区分。对于新型经营主体,应侧重于降低营业税、所得税,放宽融资限制,为其提供农业生产方面的低息贷款与专项补贴等;对于龙头企业,应适当为其提供融资支持、抵押担保,助其上市。最后,应创新助农资金的利用方式,充分发挥政策资金的杠杆作用,积极促进政府和社会资本参与其中,并提高设立风险担保等基金的可能性。

9.1.4 推进农村产业准入负面清单制度

2017 年,中共中央办公厅、国务院办公厅印发的《关于创新体制机制推进农业绿色发展的意见》,首次提出了要建立和实施农村产业准入负面清单制度。2018 年,上海市崇明区发布了全国首个农业产业准入目录,重点实施“负面清单”和“减量退出”方案。随着城乡产业融合不断深入,农村产业的合理准入问题亟待解决。特别是清单内容过于繁杂琐碎,导致条理不清、针对各项保障措施的强度和执行力度相对较弱,以及经营主体的参与度和关注度不够。同时,在实施过程中,部分人士依然抱守传统观念,而对新理念和新方法缺乏足够的接纳性和理解能力。此外,清单制度在实际操作中所取得的成效不显著、责任划分不清、执行力度不足等问题也严重困扰着农村产业的准入。

首先,在制定负面清单时,必须明确预期效果,加强对人才、资金和配套政策的保障。在编写阶段,应该尽量与当地的实际情况相结合,并对此进行全面的考量,从而使清单反映出当地特色。在符合负面清单管控范围的前提下,盘活企业发展。根据地方实际情况,因地制宜地制定禁入和限制发展产业名录,明确种植业、畜牧业和渔业的发展方向与开发力度,加强准入管理与底线约束,采取多种手段来推动重点区域的资源保护和重度污染区域的治理工作。力求在做到发展乡村产业融合的同时,维护和改善自然生态,提升生态服务价值。在执行环节,应给予生产经营者足够的表达空间,积极征求他们的意见与建议。同时,以真实的结果为依据,通过合理的方式对当前准入清单的完整性和执行效果进行评估,并对其中的不足之处及时进行修订与调整,从而有助于稳固推进农村产业准入负面清单的精确落实,强化实践效应。此外,不仅要对农业产业链的未来规划、当前实情、管控要求以及与产业结构的协调配适度等方面进行细致全面的考量,而且还要明确区域内涉农产业的实际发展状况,并制定出合理的准入条件。

其次,创立完善的法制架构是建立健全负面清单制度的基石。鉴于发展绿色农业是大势所趋,因此必须加快相关法律法规的革新进程。具体而言,一方面,需要对与农业绿色发展息息相关且与农村产业准入负面清单制度相匹配的法律法规体系进行全面而深入的修订;另一方面,适度扩展与绿色农业发展相关的财政、投资、土地等方面的政策制度。为保证准入负面清单的执行达到预期,还需要全面梳理现有的法规,找到其中尚未得到法律支持但需要解决的问题,并对这些问题展开有针对性的补充与完善,进而起到切实保障农业生产经营者合法权益的作用。

9.2　提升多元融合主体能级

9.2.1　推动小农户向高质量规范化家庭农场转变

通常而言,家庭农场是指一种以专业化种养业为主,将农户家庭成员视作主要劳动力,并不依赖雇用工人来从事生产活动的新型农业经营主体。因此,家庭农场保持了以家庭经营为主的核心要义,可以通过分工来实现家庭承包经营的规模效益,其也是家庭承包经营的一个提升。然而,家庭农场和一般农户之间也存在着很大的不同。前者主要从事商品性的农业生产,而后者则可能从事自给自足的农业生产,或者两者兼而有之。由于农业生产受自然因素影响的概率较大,且其监管费用较高,所以必须选择合适的生产方式。家庭农场作为规模化农业生产活动的重要实践体,其承担着农产品生产环节中的关键任务。对众多小规模农户而言,它起到了良好的引领示范作用。因此,可对这些农户适当地加以指引,鼓励其采取更加先进的技术与生产方式,在促使其资源投入持续增长的同时,逐步提高集约化生产的运作能力。家庭农场传承和保留了传统农业所具有的诸多优势,也成功融合了现代化农业中的若干关键要素,使其能够更好地适应当前我国农业转型升级的发展趋势。

现阶段,促进小农户向家庭农场转变,需要更新经营理念,加大人才培训力度与知识储备。政府应积极组织家庭农场与科研院所、高校、农业协会等专业机构共建培训项目,创新人才培育方式,着重加大对农业创新和技术研发的支持力度,并完善对创新型人才的奖励机制。同时,在小农户的转变过程中,要根据其自身发展节奏适当调整,避免过度追求规模化。此外,应根据小农户转变过程的阶段性、区域差异性特征,完善地区性模范家庭农场的标准与奖励条件,引导小农户在转变过程中与其对标,并给予相对应的政策奖励。

9.2.2 重点培育农民综合合作社和合作社联合体

充分发挥专业合作组织的引领作用,将农户引入农业产业链。作为产业链的主体,合作社为农产品提供垂直一体化的服务,具体包括:采购农业生产所需的投入品、筛选并采用先进技术、对产品进行严格评级、优化加工工艺、妥善储存与运输产品以及精心塑造品牌形象等,从而能够更好地保障小农户的经济利益。在市场和农户之间,农民专业合作社扮演着一种桥梁和纽带的角色,其主要职责是引导农户开展切实有效的涉农生产工作。同时,其秉持以市场为导向的原则,通过梳理市场供需信息来进行产业结构的微调及优化,力争实现农业生产的大规模发展与专业化分工,促使整个农业产业结构更加合理、高效。在参与产业链的过程中,合作社内的成员可以通过实施统一的生产与质量标准,形成区域间的行业规范。同时,还可以主动对产品进行注册,创造出属于自己的品牌和特色。

当前,无论是从现实角度还是理论层面出发,对农民综合合作社和合作社联合体的探索都处于起步阶段。在未来城乡产业融合的道路上,我们应将农民综合合作社作为主体,但同时也不能忽视农民专业合作社所起到的辅助作用。所谓农民综合合作社,即是由农民主导运营,同时兼顾经济、金融及社会事业的互助性经济组织。其主要功能是通过对村社内部较为丰富且多元化的涉农资源,如资金、技术、人才、情报、土地及劳动力等,进行整合运用,以此来实现经济、社会与文化等多方面治理成效的最大化。在未来,农民综合合作社可以考虑将其组织职能细化分工作为可能的发展方向,并根据区域间资源禀赋和市场需求的差异化,制定不同的发展方案,强化对应的专业化职能。由于经济发展水平较高、土地碎片化分布和人口高度密集的地区更为适合发展精细化优质农业,所以需要强化技术投入、拓展市场渠道,特别是将农产品与城市的高消费市场相连接。同时,规模化生产需要广阔的土地面积及较低的人口密度,所以应推动土地流转、完善基础设施并通过引进技术来降低人力成本,从而有助于建立高标准、高品质的农田,实现更大规模的农业生产效益。

9.2.3 大力探索农村股份合作经济组织建设

农村土地股份合作是指在家庭承包经营的基础上,农民依法、自愿、有偿地将土地承包经营权入股集体经营,并共同分享收益。推动农村股份经济合作社健康稳步地发展是实现城乡产业深度融合的必要手段和要求。一方面,农村股份合作社有利于实现规模经营并提高现代农业机械装备的使用率,从而提高农业生产率。特别地,股份红利能够激发农户的生产热情，提升团队的合作意愿，无论是从自身利益出发还是从合作社发展角度出发，其生产动力都明显增强。另一方面，合作社既增强了农户在市场中的议价权和话语权，又统一了农产品的规格和质量，可以更为便捷地获得信息和技术服务，从而提升农户对市场的响应能力及农产品的科技含量和品质，助力农产品销售业绩的攀升。在发展农村股份合作社的同时，应将现代企业管理制度引入建设当中，避免采用平均主义的方式分配利益，同时建立合理的分配制度体系，加强社员彼此间的利益联结。

提升农村股份合作社的现代化水平，首先，要加快对农村股份经济合作社的市场法人地位的建设，并给予合作社独立的职权，让其最大限度地自主经营生产。其次，要充分发挥政府的引领作用，加大对合作社的指导与培养力度，着重加强对合作社的土地、税收、资金及人才等方面的扶持力度，优化运作体系。再次，要建立完善的适用于农村股份经济组织的内部治理制度，充分激发农户参与的主观能动性，完善利益分配和风险分担机制。任人唯能，从各种途径选拔一批政治素质高、管理能力强的干部，加强对农民专业合作社干部的培养，不断完善服务体系，从根本上解决农民专业合作社缺人才的问题。最后，打破地方发展边缘地位，破除仅依靠行政村单一形式发展集体经济的困境，以更加积极主动的态度去引领、推动和加强区域内合作社之间的合作，实现合作社之间的协同发展。"以强带弱，以大带小"或组建区域性合作经济协会联盟，通过技术推广、农产品统购统销以及品牌建设等方式，提升农村股份经济合作社的服务水平和行业水准，切实发挥其规模效应。同时，有效整合并培育有价值的人力、资金和物资等关键资源要素，实现不同类型的村集体的协调发展，从而提高其现代化程度，实现共同富裕。

9.2.4　择优支持带动能力强的龙头企业发展

2021 年中央一号文件指出，加快健全现代农业全产业链标准体系，推动新型农业经营主体按标生产，培育农业龙头企业标准"领跑者"。凭借自身优势，龙头企业容易走向规模化与集约化的发展道路，可以对小规模生产中成本高而效益低的缺点进行有效弥补。以浙江青莲食品公司为例，该企业是一家集种猪繁育、肉类加工经销及休闲文化等于一体的国家级涉农重点企业。近几年，其通过创建青莲乡土猪文博园，为行业和消费者提供了一个全新的交流平台，这既推动了青莲食品工业的纵深发展，又助力了工业价值链的重组。

龙头企业的茁壮成长，既要靠政府，又要靠企业。在政府层面，各级政府要进行定期监督，对具有较强带动力的企业给予政策支持，并优先支持这类龙头企业的发展。龙头企业往往前期投入成本高、回报周期较长且对融资的需求较大，除了对其进行财政补贴,也可协调商业机构提供针对农业产业化的信贷服务。同时,给予领军企业一定的奖励,并且对其进行广泛的宣传,使之能够进行更大范围的推广。对监管结果不达标的企业,将撤销对其的扶持,以保证各方面的政策发挥最大作用。地方政府要坚持市场为导向,尊重企业在经营过程中适时作出的调整,努力营造公平竞争的商业环境。在企业层面,应增加对科研的资金投入,加速对技术的改造与创新。善于利用互联网、大数据、新媒体等手段来提高企业的生产效率,同时通过深加工来提升产品的附加值。要加强与高等院校和科研院所的交流,不断学习和掌握最新的农业科技,不断提升企业的科技含量。对于龙头企业而言,稳固品牌形象既能在已有市场基础上开拓受众,又有利于辐射带动其他中小型及关联企业的发展。

9.2.5 激活新兴现代化服务企业的融合动力

服务咨询企业作为城乡产业融合中的“新事物”,能够为乡村产业提供决策咨询,并将现代化信息知识与产业融合相结合。未来,在农村产业融合的过程中,会产生更多的咨询需求。因此,当地政府应鼓励合理创建服务咨询公司,重点加强其在产业融合项目的规划、招商及运营等环节的能力。同时,支持国外的服务咨询公司在当地建立分公司,并充分吸引它们参与到城乡产业融合发展中,这既有助于促进知识和创意等要素在农村的流动,又有利于加大对知识密集型服务业的投资,进而促进制造业的深度转型。此外,积极培育服务衍生制造、供应链管理、总集成与总承包等新业态、新模式,同时在原材料、消费品和装备制造等关键行业领域寻求与服务业的深度融合并共同实现创新发展的新路径。

在数字化转型的大背景下,鼓励企业利用大数据、人工智能等新兴技术,建立城乡产业数据库。同时,面向农业经营主体开发相关软件,通过创新驱动提升数字经济的产业渗透率,提升各利益主体利用信息服务的能力。大力支持服务业发展的新业态和新模式,建立起一套能够激发服务业创新发展的生态系统。规范有序地发展数字服务和平台经济,及时弥补监督管理的不足之处,加速推进制造业服务化与服务型制造业的发展。此外,明确制定因产业融合而衍生出的交叉行业的市场准入规则和政策框架,为在产业融合过程中出现的新业态和新服务的健康发展营造一个良好的环境。

9.3 完善利益、风险与信息协同机制

9.3.1 完善利益协同共享机制

在某种意义上,县域内新型农业经营主体的聚集,也可被视为产业聚集的一种形

式。此类聚集形式或许能使农户借助复杂而精密的社会网络触及各类新型农业经营主体及相关活动。因此,有充分的理由把利益联结机制视为一种小农户与新型农业经营主体之间建立健全社会网络的方式。在利益关联机制方面,合同契约和订单契约是两种主要形式。利益联结机制越强,龙头企业的带动能力就越强。建立利益协调机制,保障农民和经营组织能够合理分享产业融合效益。我们不应该只注重城乡产业的融合,而是应该构建一个互利共赢、风险共担的利益联结机制,这样才能保证农户收入和财富的增长。为了有效提高订单农业的运营质量,需要对现行合同条款进行整改,使合同内容更加规范化和严谨化。在这个过程中,不仅要大力倡导支持新型经营主体与普通农户签署保价合同,而且还应根据收购数量给予相应的利润返还或者二次结算补偿。除了上述措施外,还需要率先在产业链各环节进行连接的模式创新,激发各方面利益关系的协同发展,最终形成由政府、企业、学术界与研究机构共同构成的农业产业技术创新与价值增长战略联盟。同时,加强"农超对接"工作的推进,以实现农业与现代商业活动的双向合作。此外,有针对性地引导新兴行业的发展,并鼓励新型经营主体及广大农民运用互联网、金融创新等前沿科技手段,建立健全多元互惠的合作机制,以此来实现收入增加的目标。

利益联结需要清楚划分产权和主体,否则容易引发经济纠纷。明晰集体财产的产权归属,可以理顺各利益方之间的分配关系,有效配置各方的合法权益。具体而言,可从明晰农村土地、宅基地确权入手,解决一户多宅或一宅多户等争议问题,营造公平的交易环境。此外,我国各区域在资源禀赋、区位优势及工业基础等方面都存在差异,相应的利益关联机理也应有所区别。在实际操作过程中,一些地方不重视调查研究,不从现实出发,只是简单照搬一种模式,最终没有形成一个稳定、持久的利益联结机制。在构建利益联结机制的过程中,要发挥民主政治的作用,充分尊重农户的意愿,采取符合农户意愿、同时兼顾各方利益的方式,形成一套完善的利益联结的"组合拳"。地方政府应充分发挥其在各方面的指导与引领作用,鼓励各方参与主体积极探索,并及时进行总结和完善,适时地废止或改善不适合的模式。

9.3.2 完善风险协同共担机制

第一,加强不同经营主体之间的风险共担意识,完善风险协同共担机制。城乡产业融合发展可借助紧密型的利益联结机制,如股份合作制和产业合作制,从而能够更加广泛深入地推动农民参与城乡产业融合,并加速实现农民与企业之间利益的相互关联和共享。这种联结机制不仅能够丰富农民的收入来源,还能够提升他们的生产技术和管理水平,有助于推动农村经济的多元发展和农业现代化进程。在城乡产业融合发展过程中,可通过建立订单合同模式的利益联结机制以完善风险协同共担机制。例如,龙头企业可与农民签订订单合同,农民主要为企业提供生产所需原料,而企业则按照订单规定的数量和价格收购原料。当然,有部分企业会以保护价格来收购农产品,或者通过利润返还与二次结算的方式进行利益补偿。此外,部分企业还会为农户提供农产品生产经营一条龙服务,并统一提供各种技术等服务。这样既可以提升农产品的质量,又能够促进稳定订单农业关系的形成,还有助于逐步建立完善的订单农业信用体系。在这种体系下,所有行动都按照合同订单的规定进行,风险由各方共同承担,利益则共享。此外,通过建立股份合作型的利益联结机制,可以进一步完善风险共担机制。农民将土地、劳务、资金等资产入股企业,而企业则以资金、技术、品牌等方式入股并支持农民合作社的运营。这种合作模式旨在实现农业与企业之间的互利共赢,促进资源共享和风险分担,推动农业发展与乡村振兴。通过产权联结,实现企业与农户之间的优势互补,合作社可以借助企业解决自主经营中所面临的市场、技术及管理等难题,而企业则可借助合作社将土地统一经营,建立更加稳定的农产品供应基地。此外,也可以通过形成农业等产业企业一体化模式而不断建立和完善风险协同共担机制。农业等产业企业一体化是指在产业融合过程中,企业通过付出一定的成本而获得其他经济主体的经营控制权,从而形成产业一体化组织。在该组织模式下,产业不断延伸融合而衍生出新业态、新模式,其中的每一个经营主体都在互相影响中形成了由企业所有权分配利益和产业风险共同承担的关系。

第二,不断加强对产业发展风险的掌控、规避及约束。在城乡产业融合发展的进程中,相关部门要适当引导产业融合主体行为,督促各主体做好资源统筹工作,特别是风险应对措施。同时,参考产业发展规划,对产业融合中可能存在的政策风险等可控风险进行预判和规避,确保城乡产业融合长期而稳定发展。对于突发的不可控风险,要确保有相应的应急措施,并联合企业一起将风险控制到最低。

第三,鼓励政府与各类经营主体设立风险基金制度,完善风险保障制度。根据产业融合发展可能会出现的可控与不可控风险,分别按照经营情况以合理的比例设置风险补偿基金,对未来产业发展中可能出现的风险进行适度规避,打造风险防控网络。同时,也可以聘请风险评估专家对产业发展风险进行测评,依据不同产业融合项目的风险预测和可控性制定最合适的保障制度,最大限度降低城乡产业融合发展所面临的风险。

9.3.3 完善信息协同共享机制

第一,要保证城乡产业融合发展的目的、利益和信息三者之间的一致性。只有城乡产业融合的目标和利益先达到一致才能让产业融合信息达到共享,也只有各个生产经营主体共同追求一个融合目标,才会提高主体之间的凝聚力,从而更好地促进三次产业实现融合。若是目标不能达到一致，要么需要加强沟通，要么更改经营主体。当目标达到一致后，对利益的分配也要一致，否则会因为利益分配不均产生矛盾冲突，从而阻碍信息交流，影响产业融合发挥效益。

第二，利用区块链等科学技术促进信息协同共享。要全面形成信息协同共享机制，还需要借助科学技术的力量，比如运用大数据、物联网等新兴技术构造信息网络，建立信息沟通和公开交流平台，促进信息在经营主体与组织中进行高效而准确地传递，实现信息协同共享，尽量降低或避免因为城乡产业融合经营主体之间信息无法协同以及信息不对称等问题导致的生产经营过程的不稳定。此外，要记录好生产过程中的每一步，要让每一位经营主体了解和掌握产业融合发展的相关信息，及时做好信息汇总与反馈，更好地推进城乡产业融合的发展。

第三，要打破信息壁垒，打破阻碍城乡产业融合信息流动的体制性壁垒。在城乡产业融合发展进程中，不可避免地会受到城乡二元制度的影响。我国历史进程中的城乡二元制度或多或少地会更偏向于城镇，无形中便会构建成一道信息壁垒，导致农村企业获取的信息服务与城镇企业所获取的不对等。不同经营主体之间获取的信息服务不对等，最终会对城乡产业融合的发展产生不利影响。因此，在城乡产业融合发展进程中，要打破信息壁垒，做到城乡信息服务趋向统一，建立与城乡产业融合发展相适应的信息体系。

9.4　加快农村要素资源与空间优势重塑

9.4.1　加快建立城乡生态要素资源市场化定价机制

生态资源是城乡融合发展过程中极为重要的要素资源。生态环境与经济发展息息相关，尤其是在农村，其拥有的生态资源极具特色。为了能够发挥出生态资源的最大价值，首先要以农村特色生态资源为核心建立城乡产业融合生态资源要素市场化定价机制，其次对城乡生态要素资源进行产业化、商业化与价值化运营，让生态要素资源能够得到合理优化配置。

第一，创新生态要素资源管理机制，将生态要素资源资产化。城乡生态要素资源在资产属性上属于公共资源，因此在管理体制上不能像私有物品一样管控。在构建生态要素定价机制时，政府部门应和经营主体配合，创新生态要素管理机制，具体可采用资产入股的方式将生态资源转化为企业资产，如此便有利于生态要素资源资产管理。由此产生的资产收益，一方面应按照控股比例进行分配，另一方面则需要留存一部分作为后续管理备用资金。

第二，创立产业资源公共服务平台，保障城乡生态要素资源的可持续使用。鉴于生态要素资源具有公共属性,所以对其的保护和监督也有一定的挑战性。因此,政府应该积极创建产业公共服务平台,积极配合集体对城乡生态要素资源使用者进行监督,同时也应该积极倡导各经营主体参与生态要素资源资产管理,共同维护生态资源的可持续性。

第三,利用金融证券管理体制将生态要素资源进行证券化。市场化定价离不开资本的发展,因此政府应该积极利用金融资本大力推动城乡生态要素资源股权证券化发展,拓宽城乡生态要素资源性资产管理范畴,丰富生态要素资源开发管理的融资渠道,建立城乡生态资源市场化定价机制。

9.4.2 加快优化村庄和小城镇的现代化营商环境

营商环境,是指市场主体在进入市场、从事业务和退出市场等过程中所考虑的政务、市场、法治和人文环境等因素的总和,其反映了一个国家或地区对商业和企业的支持程度。其中,政务环境包括政府政策、行政管理和公共服务等方面的内容;市场环境关乎市场竞争、供需关系和市场规模等因素;法治环境主要涉及法律法规的制定和执行情况,以及司法保障和合同履约等方面;人文环境则涵盖人才培养、文化氛围和社会道德等因素。在城乡融合发展过程中,营商环境是产业融合发展软环境的重要内容,优化村庄和小城镇的营商环境也是重中之重。

第一,扩大产业市场准入空间,优化产业市场发展空间。一方面,深入拓展农村市场空间,引导城市相关产业的人才、资金等流向农村,拉动农村地区产业的发展,扩大农村产业市场空间。另一方面,利用城市成熟的产业市场发展农村产业,提高农村产品生产服务的效率,最大化做到与城市产业市场的趋同,加快促进城乡产业融合发展。

第二,加强营商环境法治管理,保护与产业发展相关的知识产权。除了资本和劳动力这两个必要的生产要素之外,知识和技术等也是产业发展不可或缺的资源要素。加强对产业知识产权的保护才有利于保护适用于产业发展的技术创新,一方面,政府应该主动加强知识产权保护,维护产业创新成果,降低产业融合过程中的创新风险;另一方面,大力促进技术创新对于产业融合发展的溢出效应,这有助于在可能的市场风险下获得预期收益,反向助力知识技术创新,形成良性循环。除此以外,政府还应该积极引导城乡产业经营主体之间共享知识技术创新成果,在保护知识技术创新主体利益的基础上实现技术创新的共享,尤其是在农村地区,共享技术可以带动农村产业的发展,进而促进城乡产业融合。

第三,制定营商奖惩制度。在城乡产业融合发展过程中,每个经营主体都要遵守地区所规定的营商规则。为了营造更好的营商环境,政府和企业应该制定相应的营商激励制度和惩罚制度，根据城乡产业融合项目发展过程所产生的溢出效应，例如就业岗位的增加、居民收入的可持续增长以及产业链的拓展延伸等，设置相应的考核指标。同时，按照合理的标准给予产业融合经营主体相应的奖励补贴，并鼓励其推动周边地区经济发展，从而可以给社会提供更多的就业岗位、创造更多的经济价值。此外，鼓励农户加入城乡产业融合项目中来，具体可以使用资金或者土地经营权入股的方式。对于那些不利于产业融合健康发展的项目以及为了利益不择手段的商业资本，政府、相关行业协会及媒体等其他组织应加大监督力度，一旦发现则应当进行曝光处理，将项目停掉或者限制企业经营，同时对这类企业进行相应的处罚，从而有助于形成并维护良好的营商环境。

9.4.3　加快建设农村新型基础设施与数字服务平台

近年来，农村公共基础设施建设愈发完善，为农业现代化和农村新兴产业发展奠定了良好的基础条件。为了构建城乡一体的生产和市场网络，有必要进一步完善基础设施，特别是变革基础设施的管理体制和机制，形成城乡统一的管理体系。此外，为适应新业态发展的需要，农村地区需要强化新型基础设施的建设，特别是数字服务平台，从而有助于缩小城乡数字化差异，完善农村数字化服务及信息服务体系对促进城乡产业融合发展起到了重要作用。

第一，支持发展智慧农业，推动信息技术在农村产业融合中的应用。这样可以有效提升农业生产效率，改善农民生活质量，并推动农村经济的快速发展。首先，在推进智慧农业发展的过程中，我们需要注重技术创新和产业升级，培育一批有技术、有能力的人才，加强农业信息化建设，提高农民的数字技能素质，为农业现代化打下坚实基础。同时，智慧农业还可以促进农业与城市之间的良好互动，实现农业与城市的共生发展，推动新型城镇化进程。例如，通过发展农村电子商务，将优质农产品送到城市消费者手中，在满足城市居民需求的同时，也增加了农村居民的收入来源。其次，加速推进数字乡村规范化建设，创建并完善相关评价指标体系，继续推动数字乡村试点建设，着重提高乡村信息基础设施的建设水平，进一步完善运行流畅、覆盖面广的数字化服务终端。最后，通过在传统基础设施中引入数字化技术，可以实现城乡在产品流通、生产管理信息等方面的有效对接，从而加快城乡经济的互补发展。

第二，提升乡村居民的政务服务体验。首先，应当加强政务信息化建设，创建方便快捷的一站式“互联网+政务服务”平台。具体是以省级政府官网为基础，通过优化协调各层级适用于农户的政务服务资源，构建起从市级层面覆盖至村级层面的综合统一的“融媒体+政务服务”门户，向村民提供一站式便民服务，做到“单点登录，全网通办”，全面提高信息服务水平。其次，要加强政府工作人员的培训和素质提升，提高他们的服务意识和专业水平。政府工作人员应当秉持为民服务的宗旨,加强与乡村居民的沟通和了解,精准把握他们的需求,并提供针对性的政务服务,确保服务质量和效率。最后,在政务服务中还应当注重群众参与和反馈机制的建立。政府应设立投诉举报渠道,鼓励乡村居民积极反映问题和意见,及时解决存在的困难和矛盾,不断改进服务方式和质量。

第三,构建信息服务共享平台。政府需加强与龙头企业及互联网企业的交流合作,创建有助于城乡产业融合发展的数字化服务平台。具体则是将政府、经营参与主体与农户之间的产业信息进行共享,特别是要借助大数据等新兴互联网技术推动资源和服务在社会层面的分享。在数字经济迅猛发展的背景之下,借助数字信息服务平台推动农村新型经营主体、服务类企业等进行聚集,有助于加快信息等要素在城乡产业融合发展中的流动,促进各个经营主体之间可以做到资源共享,避免因为信息不对称而造成的产出不确定性,降低经营风险。在信息服务共享平台上,各经营主体不仅可以获取到产业融合发展过程需要注意的事项及相关政策,而且还能够从以往的产业融合案例中学到一些经验,从而提高经营主体对产业融合发展的社会化认知水平。

9.4.4 强化人才建设,为产业发展提供人才支撑

第一,培育新型职业农民。伴随着农村农业的发展,城乡产业融合对新型人才的需求也逐渐改变。为了更好地适应现代化农业发展的新要求,应该注重全面提高农民的基本素养,重点培养一些既具有知识文化同时又懂得如何经营管理企业的新型职业农民。同时,积极鼓励城市人才参与到城乡产业融合项目中,落实好人才引进政策,做好人才补贴。政府可以定期组织培训来培育新型职业农民,并建立政府帮扶补贴制度,将城乡产业融合项目的资金支持放在前列,同时定期对培训人员进行一定程度的考核,并对考核结果优秀的人员进行相应的奖励或者再次进行深度培养。鼓励专业人士同城乡产业融合经营主体多沟通交流,为促进城乡产业融合发展提供更具价值的建议。为了有效培育新型职业农民,政府还需要完善新型职业农民培育的制度保障,健全相关法律政策,明确培育的责任和义务,创新新型职业农民发展制度,维护好新型职业农民的权益。

第二,重视人才引进。实施人才战略,不仅要依靠对农村本土人才的培育,而且更要重视对外来人才的吸引。特别是随着农村新业态和新模式的发展,仅仅依靠农村本土人才的培育已难以满足产业发展的需要,所以需要迫切引进城市的技术和管理专业人才。一方面,农村集体经济组织既应该创造良好的工作和生活条件,又应该在股权激励等方面进行合适的制度安排;另一方面,政府也要破除一些对社会投资者

和管理人才落户的限制,建立健全城乡人才流动的双向机制。此外,对于本土人才,应鼓励文化程度较高的返乡青年留在本地发展,并对此类人才进行重点培育,提高实践能力。

第三,培养创新型人才和技术型人才。为了更好地为乡村振兴储备高端人才,理应重点培养技术型与创新型人才,为产业融合发展运用新技术做好后备保障。首先,要建立并完善科技创新人才竞相涌现的评价机制,具体以创新、质量、实效和贡献等为依据,通过分类统筹的方式对科技人才进行评估。这一评价体系应当足够完善,能够全面准确地评估科技人才的综合素质和业绩,有助于逐步建立起高质量的人才培养体系。其次,要建立精准高效的管理机制,引导科技人才从过度追求荣誉转变为追求科学创新和技术本身。通过这样的管理机制,有助于促使创新成为全社会的共同追求。最后,完善“留人”的服务体系,强化国家科技资源围绕创新型人才进行配置的力度,充分利用并有效发挥高水平人才的才能、潜力及理想抱负,提高科技人才的归属感和认可度。这样可以让有意愿做事的人有机会、有能力做事的人有舞台,进而有助于培育好科技人才发展的原动力。

9.5 推进现代化产业链优化升级

9.5.1 以“生态化+”构筑现代化生态产业链

我国应当以绿色发展理念为指导,加强生态文明建设,以生态化理念构建现代化生态产业链,拓宽生态产品的市场渠道与价值,推动城乡生态产业化和产业生态化的发展。这不仅是城乡产业融合发展的必要条件,而且还有助于建立完善的生态经济体系,促进经济实现高质量发展,创造人与自然和谐共生的现代化发展模式。

第一,通过发展产业生态化和生态产业化,可以促进绿色产业的发展,有利于打造绿色生态产业链。首先,应不断加强传统产业的生态化转型。这意味着要促进企业采用清洁生产技术,减少污染排放,优化资源利用,实现产业与环境的协调发展。同时,还要鼓励企业探索开展循环经济和可持续发展经济,推广绿色设计和绿色制造,促进产业向低碳、环保和资源节约型转型。其次,支持并壮大生态产业的发展。一方面,通过技术创新和产业集群,培育和壮大绿色产业,提高其核心竞争力和市场份额;另一方面,还要加大政策支持和金融保障力度,并为生态产业提供良好的发展环境和资金支持,推动其持续健康发展。最后,注重构建绿色生态产业链。一方面,要加强产业链各个环节之间的协同合作,实现资源的有效流转和循环利用;另一方面,要推动产业链的延伸和扩展,鼓励不同生产环节的企业形成密切的合作关系,实现资源的共享和互利共赢。

第二，推动生态文明制度体系建设，强化对生态产业的制度保护。生态环境保护和产业融合体系的发展是密不可分的，因此需要优化产业融合发展考核评价体系，特别是要将能源消耗、环境污染和生态红利等可以展现生态文明建设情况的指标纳入其中并设置权重，推动其在产业生态化中起到指挥与约束的作用。此外，一方面，侧重对缺少法律约束或不严格遵守法律规范的现象进行监管，推动完整性与系统性并存的制度体系的建立，实现现代化生态治理；另一方面，增强实施制度的刚性，创建并完善长效监管体制机制，避免生态文明建设领域“违法成本低，守法成本高”等扭曲现象的发生，为构筑生态产业体系做好政策保护。

第三，发展生物质能源产业，培育循环生态产业链。生物质能源产业是将可产业化发展的可再生生物质能源聚集起来，统筹规划、集中生产并能够带来突出效益的大型生产模式。生物质能源应用广泛，不仅适合垃圾焚烧发电、沼气发电等领域，而且在新能源行业中具有突出表现。首先，要推动生物质能源技术的研发和应用，提高能源利用效率，减少对传统能源的依赖。同时，鼓励企业投资生物质能源产业项目，逐步提高生物质能源在能源结构中的比重。其次，培育循环生态产业链。一方面，通过资源的协同利用和循环再生，实现生物质能源的全程和循环利用；另一方面，加强各个生产经营环节之间的协同合作，优化生物质能源的生产、加工、运输及利用等环节，促进形成闭环循环的生态产业链。最后，加强政策支持和市场引导。通过出台财税优惠和金融支持政策，激发企业投资生物质能源产业的积极性。同时，还要加强市场监管，打造公平竞争的市场环境，促进生物质能源产品的市场化推广并提高消费者的认可度。

9.5.2 以“精细化+”延伸特色农产品深加工产业链

将产品进行深加工是产业融合发展的另一重要举措。农产品精深加工是在农产品原材料或者是在其粗加工的基础上，按照功能成分等要素进行再次加工，是延伸农产品产业链、提升价值链的重要环节，也是推动农业供给侧产业结构调整、加快农业产业结构现代化转型的重要举措。不断推动农产品精深加工，将有效促进产业协调发展，提升农民群众的收入水平，并对推进乡村振兴、协调城乡均衡发展以及促进城乡产业融合发展都具有十分重要的意义。

第一，创新农产品精深加工，推进农业产业链的现代化升级。若想实现农产品加工从粗加工向精深加工的升级转变，则要重点促进技术创新，特别是要助力农产品智能加工技术的研发和推广，推动现代农业产业技术体系建设。一方面，通过生物工程与信息技术的一体化应用，建设一批标准化、规模化、智能化的农产品深加工设施，从而提高农产品深加工的效率，降低初级农产品的流通损失率，优化农业生产供应链，促进产业持续、长期、稳定增值，为农产品深加工产业发展创造内在动力。另一方面，创新生产经营形式，将农产品供应链的应用与互联网的商业运营相结合，打造特色农产品深加工的新模式。围绕产业链完善关键环节的技术和堵塞点，配合主要科研机构弥补薄弱环节，开发和解决农产品精深加工中的各种问题。同时，推进产业联合体和产业联盟建设，以企业为主导，连接农产品产业基地与销售服务，分享产业链的增值效益，通过聚集生产、流通及销售等要素促进农产品产业链的转型升级。

第二，推动农产品精深加工的品质飞跃，优化农业产业布局。依托农产品资源优势，以农产品集约化加工为重点，构建类型丰富、特色鲜明的农产品深加工产业集群。积极推进农产品深加工产业集群平台的建设，为产业发展提供科技支持。通过发展产业集群，促进农产品精深加工业的壮大和进步，同时促进生产、加工和流通企业形成一个关键的区域集群发展模式，从而提高整个产业的发展水平。提高农产品深加工质量，改变发展模式，建立高水平、标准化的生产示范基地，真正实现农产品深加工的飞跃。优化产业布局，完善产业体系，整合价值链，系统整理种质资源、栽培、育种、产品加工与营销等方面的内容，畅通生产与营销的衔接链，提高农产品深加工的综合效益。培育强大的农产品精深加工龙头企业，发展具有区域特色的知名农产品品牌。农产品深加工的企业品牌应坚持质量第一，坚持以质量为企业发展的核心竞争力，规范质量监督体系，创建有特色的品牌体系。推动农产品精深加工业的技术开发和投资，形成稳定的生产和营销供应链，实现大规模、生产化、品牌化与标准化的经营模式。将互联网、大数据、人工智能等现代技术与农产品深加工产业品牌建设相结合，通过网络媒体、新闻发布会等宣传推广形式扩大其品牌影响力。

9.5.3 以"创意化+"拓展现代化多功能产业链

将产业和文化创意相结合，有助于拓展产业链的多功能性，丰富城乡产业融合的发展体系。文化创意产业是以创新为核心的新兴产业，我国文化产业发展主要包括以旅游业为龙头的文化产业发展以及当地特色文化产业等。如若能够将城乡产业与文化产业相融合，拓展现代化多功能产业链，这也将是城乡产业融合发展的重要举措，有助于创造更多的产业价值。

第一，做好产业与文化相结合，优化拓展乡村文旅产业链。现阶段，我国乡村旅游业与文创行业的融合发展水平较低，特别是前者在发展中缺少对文化创意元素的融入，而且文化创意产品在乡村旅游领域中的种类较为单一。因此，提高乡村旅游产业发展的可持续性，需要重视其与文创产业的融合发展，特别是要以文创产业助力乡村旅游发展。首先，因地制宜地建设乡村旅游与文创产业孵化中心，重点扶持一部分文创企业；积极招揽从事乡村旅游和文创行业的人才并完善相关福利政策，增强与文化机构或者创意公司的交流合作;鼓励并拓宽文化创意产业链,同时优化产业链上下游企业的合作模式。其次,在创建乡村旅游文创园区的过程中,助力旅游与文创进行高度融合,应充分发掘并有效利用农村地区的特色旅游资源,持续丰富并完善服务类别与质量,塑造良好的乡村旅游文创品牌形象。

第二,增强对文化创意类产业的扶持力度。凭借着明显的财富效应和对其他产业的拉动作用,文化创意产业现已成为新的行业风口。众多地方政府均已对文化创意产业进行了规划,不仅确定了本地要发展的重点文化创意行业,而且还在投融资、外贸、人才引进与培训等方面构建了相对应的产业发展与政策体系。为了更好地拓展文化创意类产业链,政府需侧重在以下三方面加大政策的推进力度:一是构建并完善符合当地文化创意产业发展的中长期规划,精选并优先扶持重点行业,明确产业发展的短期与中期目标;二是制定并优化文化创意类产业的投融资体制机制,拓宽融资渠道,助力当地企业更好地获取资金支持;三是细化人才栽培制度体系,特别是要把培育与引进文化创意行业人才摆在优先位置。

9.5.4 以"数字化+"提升现代化全产业链服务水平

数字技术不仅为优化产业链与供应链的发展提供了推动力,而且还加快了产业的数字化转型与高级化发展。因此,应充分理解推动传统产业向高端化、智能化与绿色化方向发展的重要性,同时紧抓数字中国建设带来的机遇,推动传统产业优化升级,从而加速城乡产业融合发展。

第一,提高对5G通信、物联网等新型基础设施的投资力度,为传统行业的转型升级和产业供应链的优化升级奠定良好的发展基础。鉴于信息基础设施的不断完善是推动传统产业转型升级的必要条件,因此应加强新型基础设施建设,积极构建大数据网络中心和互联网服务平台,提升数据分析处理能力。同时,加快构建以先进制造业为代表的现代化产业体系,完善以新型通信技术为驱动力的新兴产业体系,进一步助力产业链和供应链实现现代化升级。

第二,推动数字技术与现代化产业链的深度融合,保障产业链和供应链的稳定性。我国城乡产业转型的主要方向是产业数字化、智能化和网络化。一方面,应在研发、生产加工、物流仓储及经销等流程中,继续拓宽数字技术的应用范围,持续在生产制造和管理决策等环节中实现企业的数字化转型升级;另一方面,应构建并完善数字化背景下的城乡产业发展融合体系,为稳定的现代化全产业链和供应链奠定良好的产业基础。

第三,推进产业数字化转型所需的人才队伍建设,为产业链、供应链的现代化发展提供人才支持。对于传统制造业企业而言,要抓住大数据、物联网、AI等信息技术的发展优势，推动数字化人才队伍建设，可通过培养专业化人才以增强产品生产与制造的数字化能力，提高产业链与供应链的竞争力。相关部门也应出台相应的激励措施，充分发挥数字技术在促进传统产业升级中的重要作用，引导企业与高校等科研院所开展合作交流，强化对于数字化人才的栽培，营造良好的科研环境，有助于为科技创新和传统产业的数字化转型提供人才基础。

9.6　本章小结

本章主要从以下五个方面提出适用于中国城乡产业融合发展的政策建议：

一是要强化城乡产业政策和制度创新。例如，构建覆盖面广、针对性强、注重实效、配套完备、可操作性强的农业扶持制度；创新融合型产业监管机制，探索有效的柔性执法方法，强化互联网监管与行政执法之间的有机衔接。二是要提升多元融合主体能级。既要推动小农户向家庭农场转变、培育合作社联合体，又要支持龙头企业发展。三是要完善利益、风险与信息的协同机制。若想实现城乡产业融合的可持续发展，则必须注重利益、风险与信息方面的协调性，只有三者在结构上保持协同与联结，才能保证产业融合发展的一致性，从而有助于实现“优势互补、利益共享、风险共担、信息共享”的共赢格局。四是高效利用农村资源要素，重塑并发挥空间优势。健全生态要素的市场定价机制；优化村庄和小城镇的营商环境；强化人才建设，为产业融合发展做好人才支撑。五是要实现产业链的现代化升级，可尝试构建以生态化、精细化、创意化和数字化为核心的现代化产业链体系。

参 考 文 献

[1] 黄锡生,王中政.论城乡融合发展的双重逻辑及制度统合[J].现代经济探讨,2021(5):1-9.

[2] 翟昕,李志军.中国共产党城乡关系统筹发展认识的历史演进[J].社会科学家,2021(7):28-33.

[3] 张海鹏.中国城乡关系演变70年:从分割到融合[J].中国农村经济,2019(3):2-18.

[4] Shorrocks A, Wan G H. Spatial decomposition of inequality[J]. Journal of Economic Geography, 2005, 5(1):59-81.

[5] Young A. Inequality, the urban-rural gap, and migration[J]. The Quarterly Journal of Economics, 2013, 128(4):1727-1785.

[6] 万广华.不平等的度量与分解[J].经济学(季刊),2009,8(1):347-368.

[7] 龙海明,凌炼,谭聪杰,等.城乡收入差距的区域差异性研究——基于我国区域数据的实证分析[J].金融研究,2015(3):83-96.

[8] 张勋,万广华,张佳佳,等.数字经济、普惠金融与包容性增长[J].经济研究,2019,54(8):71-86.

[9] 薛晴,任左菲.美国城乡一体化发展经验及借鉴[J].世界农业,2014(1):13-16.

[10] 张晴,周旭英,高明杰.发达国家城乡统筹发展的做法及对中国启示[J].世界农业,2011(4):12-14.

[11] 张颖,王振坡,杨楠.美国小城镇规划、建设与管理的经验思考及启示[J].城市,2016(7):72-79.

[12] 刘国臻.论英国土地发展权制度及其对我国的启示[J].法学评论,2008,26(4):141-146.

[13] 陈继红.英国推进统筹城乡一体化的做法经验与启示借鉴[J].重庆经济,2009(3):38-42.

[14] 廖四顺.乡村振兴视域下英国乡村旅游发展经验及启示[J].对外经贸,2019(5):67-70.

[15] 徐雪.日本乡村振兴运动的经验及其借鉴[J].湖南农业大学学报(社会科学版),2018,19(5):62-67.

[16] 潘梦琳.基于内生式发展模式的乡村振兴途径研究[J].中国名城,2018(4):32-39.

[17] 周维宏.日本农村振兴道路的转型实践——"一村一品"产业运动的发展逻辑考察[J].日本研究,2019(4):11-22.

[18] 严瑾.日本的六次产业发展及其对我国乡村振兴的启示[J].华中农业大学学报(社会科学版),2021(5):128-137+197-198.

[19] 沈正研.苏州城乡一体化的做法值得借鉴[J].政策瞭望,2010(5):47-48.

[20] 应舒.我国东西部城乡一体化发展模式比较研究——以苏州和成都为例[D].苏州:苏州大学,2014.

[21] 殷光胜.统筹城乡发展的关键是统筹城乡体制机制——成都统筹城乡发展的启示[J].中国集体经济,2010(13):44-45.

[22] 赵颖文,许钰莎,何鹏,等.新时期成都市城乡产业融合发展的现实基础、问题挑战与促进对策[J].决策咨询,2021(5):23-29.

[23] 杜受祜.成都的先行先试贡献了哪些统筹城乡发展的普适经验?——写在成都城乡一体化改革七周年之际[J].农村经济,2010(8):3-4.

[24] 李志强.城乡融合演进历程的乡村振兴:阶段特征、动力逻辑与发展导向[J].贵州社会科学,2020(9):162-168.

[25] 吴海南,汪卫霞."双循环"新发展格局中的农村经济何以"去内卷化"[J].中国合作经济,2021(10):32-35.

[26] 托马斯·莫尔.乌托邦[M].戴镏龄,译.2版.北京:商务印书馆,1982.

[27] 亚当·斯密.国富论[M].谢宗林,李华夏,译.北京:中央编译出版社,2011.

[28] 马克思恩格斯文集(第1卷)[M].北京:人民出版社,2009.

[29] 马克思恩格斯文集(第5卷)[M].北京:人民出版社,2009.

[30] 列宁全集(第2卷)[M].北京:人民出版社,1984.

[31] Lewis W A. Economic development with unlimited supplies of labour[J]. The Manchester School, 1954, 22(2): 139-191.

[32] Ranis G, Fei J C. A theory of economic development[J]. American Economic Review, 1961, 51(4): 533-565.

[33] Jorgenson D W. The development of a dual economy[J]. The Economic Journal, 1961, 71(282): 309.

[34] Harris J R, Todaro M P. Migration, unemployment & development: A two-sector analysis[J]. American Economic Review, 1970, 60(1): 126-142.

[35] 艾伯特·赫希曼.经济发展战略[M].北京:经济科学出版社,1992.

[36] 雷格那·纳克斯.不发达国家的资本形成问题[M].北京:商务印书馆,1966.

[37] Friedmann J. Regional Development Policy: A Case Study of Venezuela[M]. Cambridge: M.I.T. Press, 1966.

[38] 韩喜平,张延曼.毛泽东城乡关系思想及其新时代价值[J].毛泽东研究,2020(5):52-59.

[39] 李羚.邓小平城乡关系与中国现代化发展道路探索[J].毛泽东思想研究,2012,29(6):67-72.

[40] 王骏.试论江泽民的"三农"思想[J].党的文献,2003(5):37-44.

[41] 周新桥.论胡锦涛对马克思主义城乡关系理论的继承与创新[J].经济与社会发展,2012,10(10):18-20.

[42] 王振坡,韩祁祺,王丽艳.习近平新时代中国特色社会主义城乡融合发展思想研究[J].现代财经(天津财经大学学报),2019,39(9):3-11.

[43] 张海鹏,郜亮亮,闫坤.乡村振兴战略思想的理论渊源、主要创新和实现路径[J].中国农村经济,2018(11):2-16.

[44] 年猛.中国城乡关系演变历程、融合障碍与支持政策[J].经济学家,2020(8):70-79.
[45] Spence M, Annez P C, Buckley R M. Urbanization and growth: Commission on growth and development[J]. Robert Buckley, 2009, 1(5): 294-299.
[46] Glaeser E. Triumph of the City: How Our Greatest Invention Makes Us Richer, Smarter, Greener, Healthier, and Happier (an excerpt)(translated by Inna Kushnareva)[J]. Journal of Economic Sociology, 2013, 14(4): 75-94.
[47] Wan G, Lu M. Cities of Dragons and Elephants: Urbanization and Urban Development in China and India[M]. Oxford: Oxford University Press, 2018.
[48] 年猛,王垚.行政等级与大城市拥挤之困——冲破户籍限制的城市人口增长[J].财贸经济,2016(11):126-145.
[49] 刘守英.农村"三块地"试点与土地制度改革的可能路径[J].中国人民大学学报,2019,33(1):1.
[50] 李江涛,熊柴,蔡继明.开启城乡土地产权同权化和资源配置市场化改革新里程[J].管理世界,2020,36(6):93-105+247.
[51] 杜渐.让城乡统筹下的产业互动发展落地生根[J].社会科学研究,2014(5):209.
[52] 任迎伟,胡国平.城乡统筹中产业互动研究[J].中国工业经济,2008(8):65-75.
[53] 张晓欢.城乡产业协同发展平台是必需的载体支撑[J].中国合作经济,2019(5):34.
[54] 王颂吉,白永秀.城乡要素错配与中国二元经济结构转化滞后:理论与实证研究[J].中国工业经济,2013(7):31-43.
[55] 张吉鹏,黄金,王军辉,等.城市落户门槛与劳动力回流[J].经济研究,2020,55(7):175-190.
[56] 张勋,万广华.中国的农村基础设施促进了包容性增长吗?[J].经济研究,2016,51(10):82-96.
[57] 李丹,裴育.城乡公共服务差距对城乡收入差距的影响研究[J].财经研究,2019,45(4):111-123+139.
[58] 党国英.论城乡社会治理一体化的必要性与实现路径——关于实现"市域社会治理现代化"的思考[J].中国农村经济,2020(2):2-13.
[59] 徐勇.城乡一体化进程中的乡村治理创新[J].中国农村经济,2016(10):23-26.
[60] 姚尚建.城乡一体中的治理合流——基于"特色小镇"的政策议题[J].社会科学研究,2017(1):45-50.
[61] 杨遂全,张锰霖,钱力.城乡一体化背景下农村闲置房屋的出路[J].农村经济,2015(1):13-18.
[62] 程响,何继新.城乡融合发展与特色小镇建设的良性互动——基于城乡区域要素流动理论视角[J].广西社会科学,2018(10):89-93.
[63] 王文彬.基于资源流动视角的城乡融合发展研究[J].农村经济,2019(7):95-102.
[64] 袁志刚,解栋栋.中国劳动力错配对TFP的影响分析[J].经济研究,2011,46(7):4-17.
[65] 刘明辉,卢飞.城乡要素错配与城乡融合发展——基于中国省级面板数据的实证研究[J].农业技术经济,2019(2):33-46.
[66] 陆铭,陈钊.城市化、城市倾向的经济政策与城乡收入差距[J].经济研究,2004,39(6):50-58.
[67] 蒿慧杰.城乡融合发展的制度困境及突破路径[J].中州学刊,2019(11):49-52.

[68] 唐琼.乡村振兴战略下稳妥推进城乡融合发展研究[J].湖湘论坛,2020,33(2):88-98.
[69] 罗知,万广华,张勋,等.兼顾效率与公平的城镇化:理论模型与中国实证[J].经济研究,2018,53(7):89-105.
[70] 平新乔,李森.资源禀赋、收入分配与农村金融发展的关联度[J].改革,2017(7):137-150.
[71] 李爱民.我国城乡融合发展的进程、问题与路径[J].宏观经济管理,2019(2):35-42.
[72] 魏后凯.深刻把握城乡融合发展的本质内涵[J].中国农村经济,2020(6):5-8.
[73] 杨开忠.新型城镇化与区域协调发展[J].科学观察,2019,14(4):45-48.
[74] 徐建国,张勋.农业生产率进步、劳动力转移与工农业联动发展[J].管理世界,2016(7):76-87+97.
[75] 钟漪萍,唐林仁,胡平波.农旅融合促进农村产业结构优化升级的机理与实证分析——以全国休闲农业与乡村旅游示范县为例[J].中国农村经济,2020(7):80-98.
[76] 王春光.县域社会学研究的学科价值和现实意义[J].中国社会科学评价,2020(1):36-46.
[77] 李金铮."相成相克":二十世纪三四十年代费孝通的城乡关系论[J].中国社会科学,2020(2):93-117+206.
[78] 徐朝阳,白艳,王韡.要素市场化改革与供需结构错配[J].经济研究,2020,55(2):20-35.
[79] 金成武.中国城乡融合发展与理论融合——兼谈当代发展经济学理论的批判借鉴[J].经济研究,2019,54(8):183-197.
[80] 程名望,史清华,JinYanhong.农户收入水平、结构及其影响因素——基于全国农村固定观察点微观数据的实证分析[J].数量经济技术经济研究,2014,31(5):3-19.
[81] 易醇,张爱民.城乡一体化背景下的城乡产业融合协同发展模式研究[J].软科学,2018,32(4):105-109.
[82] 任迎伟,胡国平.城乡统筹中产业互动研究[J].中国工业经济,2008(8):65-75.
[83] 周振华.信息化与产业融合[M].上海:上海人民出版社,2003.
[84] 厉无畏.创意产业导论[M].上海:学林出版社,2006.
[85] 韩顺法,李向民.基于产业融合的产业类型演变及划分研究[J].中国工业经济,2009(12):66-75.
[86] 余典范,干春晖,郑若谷.中国产业结构的关联特征分析——基于投入产出结构分解技术的实证研究[J].中国工业经济,2011(11):5-15.
[87] 植草益.信息通讯业的产业融合[J].中国工业经济,2001(2):24-27.
[88] Rosenberg N. Technological change in the machine tool industry, 1840-1910[J]. The Journal of Economic History, 1963, 23(4): 414-443.
[89] 张来武.产业融合背景下六次产业的理论与实践[J].中国软科学,2018(5):1-5.
[90] Murata Y. Rural-urban interdependence and industrialization[J]. Journal of Development Economics, 2002, 68(1): 1-34.
[91] Zhao S X B, Wong K K K. The sustainability dilemma of China's township and village enterprises: An analysis from spatial and functional perspectives[J]. Journal of Rural Studies, 2002, 18(3): 257-273.
[92] 王志刚,于滨铜.农业产业化联合体概念内涵、组织边界与增效机制:安徽案例举证[J].

中国农村经济,2019(2):60－80.
[93] 姚树荣,周诗雨.乡村振兴的共建共治共享路径研究[J].中国农村经济,2020(2):14－29.
[94] 蔡昉,王美艳.从穷人经济到规模经济——发展阶段变化对中国农业提出的挑战[J].经济研究,2016,51(5):14－26.
[95] 郭庆海.小农户:属性、类型、经营状态及其与现代农业衔接[J].农业经济问题,2018,39(6):25－37.
[96] 姜长云.乡村振兴战略:理论、政策和规划研究[J].宏观经济研究,2018(7):2.
[97] 魏后凯.新常态下中国城乡一体化格局及推进战略[J].中国农村经济,2016(1):2－16.
[98] Li J T, Liu Y S, Yang Y Y, et al. County-rural revitalization spatial differences and model optimization in Miyun District of Beijing-Tianjin-Hebei region[J]. Journal of Rural Studies, 2021, 86: 724－734.
[99] 林毅夫."三农"问题与我国农村的未来发展[J].农业经济问题,2003,24(1):19－24+79.
[100] 陈斌开,林毅夫.发展战略、城市化与中国城乡收入差距[J].中国社会科学,2013(4):81－102+206.
[101] 伍其亮,史元亭,万广华.投资倾向与城乡差距——来自省级面板数据的证据[J].世界经济文汇,2015(1):34－49.
[102] 魏后凯,刘长全.中国农村改革的基本脉络、经验与展望[J].经济研究参考,2019(8):101－115.
[103] 尚旭东,朱守银.家庭农场和专业农户大规模农地的"非家庭经营":行为逻辑、经营成效与政策偏离[J].中国农村经济,2015(12):4－13+30.
[104] 罗必良.农地产权及相关要素市场发育研究[M].北京:科学出版社,2019.
[105] 张鸣鸣.两大战略下构建城乡劳动力接力发展格局的思考和建议——以四川省为例的实证分析[J].农村经济,2019(4):103－109.
[106] 张红宇.关于城乡统筹推进过程中若干问题的思考[J].管理世界,2005(9):59－69+98+171.
[107] 周月书,孙冰辰,彭媛媛.规模农户加入合作社对正规信贷约束的影响——基于社会资本的视角[J].南京农业大学学报(社会科学版),2019,19(4):126－137+160.
[108] 黄祖辉,王雨祥,刘炎周,等.消费替代还是信任补偿?——转移支付收入对农民公共品供给意愿的影响研究[J].管理世界,2020,36(9):97－111.
[109] 张红宇,陈良彪,胡振通.构建农业农村优先发展体制机制和政策体系[J].中国农村经济,2019(12):16－28.
[110] 田强.乡村振兴背景下农旅融合发展路径——评中国财政经济出版社《农旅融合促进乡村振兴机理与实证研究》[J].价格理论与实践,2022(1):177.
[111] Hwang J, Lee S. The effect of the rural tourism policy on non-farm income in South Korea[J]. Tourism Management, 2015, 46: 501－513.
[112] Liu D H, Li H Y, Wang W G, et al. Scenario forecast model of long term trends in rural labor transfer based on evolutionary games[J]. Journal of Evolutionary Economics, 2015, 25(3): 649－670.
[113] 付伟.城乡融合发展进程中的乡村产业及其社会基础——以浙江省L市偏远乡村来料

加工为例[J].中国社会科学,2018(6):71－90+205－206.
[114] 焦长权,董磊明.从“过密化”到“机械化”:中国农业机械化革命的历程、动力和影响(1980—2015年)[J].管理世界,2018,34(10):173－190.
[115] 黄红光,白彩全,易行.金融排斥、农业科技投入与农业经济发展[J].管理世界,2018,34(9):67－78.
[116] 方师乐,卫龙宝,伍骏骞.农业机械化的空间溢出效应及其分布规律——农机跨区服务的视角[J].管理世界,2017(11):65－78+187－188.
[117] 周振,孔祥智.新中国70年农业经营体制的历史变迁与政策启示[J].管理世界,2019,35(10):24－38.
[118] 钱忠好,李友艺.家庭农场的效率及其决定——基于上海松江943户家庭农场2017年数据的实证研究[J].管理世界,2020,36(4):168－181+219.
[119] 邓宏图,赵燕,杨芸.从合作社转向合作联社:市场扩展下龙头企业和农户契约选择的经济逻辑——以山西省太谷县某龙头企业和土地合作社为例[J].管理世界,2020,36(9):111－128.
[120] 阮荣平,周佩,郑风田.“互联网+”背景下的新型农业经营主体信息化发展状况及对策建议——基于全国1394个新型农业经营主体调查数据[J].管理世界,2017(7):50－64.
[121] 万俊毅,欧晓明.产业链整合、专用性投资与合作剩余分配:来自温氏模式的例证[J].中国农村经济,2010(5):28－42.
[122] 万俊毅,曾丽军.合作社类型、治理机制与经营绩效[J].中国农村经济,2020(2):30－45.
[123] 何宇鹏,武舜臣.连接就是赋能:小农户与现代农业衔接的实践与思考[J].中国农村经济,2019(6):28－37.
[124] 胡凌啸,周应恒,武舜臣.农资零售商转型驱动的土地托管模式实现机制研究——基于产业链纵向整合理论的解释[J].中国农村观察,2019(2):49－60.
[125] 孙小燕,刘雍.土地托管能否带动农户绿色生产?[J].中国农村经济,2019(10):60－80.
[126] 孙顶强,卢宇桐,田旭.生产性服务对中国水稻生产技术效率的影响——基于吉、浙、湘、川4省微观调查数据的实证分析[J].中国农村经济,2016(8):70－81.
[127] 申红芳,陈超,廖西元,等.稻农生产环节外包行为分析——基于7省21县的调查[J].中国农村经济,2015(5):44－57.
[128] 杨志海.生产环节外包改善了农户福利吗?——来自长江流域水稻种植农户的证据[J].中国农村经济,2019(4):73－91.
[129] 丁守海.中国城镇发展中的就业问题[J].中国社会科学,2014(1):30－47+204－205.
[130] 安同良,卞加振,陆国庆.中国工业反哺农业的机制与模式:微观行为主体的视角[J].经济研究,2007,42(7):23－35.
[131] 蔡翼飞,张车伟.地区差距的新视角:人口与产业分布不匹配研究[J].中国工业经济,2012(5):31－43.
[132] 樊士德,沈坤荣,朱克朋.中国制造业劳动力转移刚性与产业区际转移——基于核心—边缘模型拓展的数值模拟和经验研究[J].中国工业经济,2015(11):94－108.
[133] 蔡昉,王美艳,曲玥.中国工业重新配置与劳动力流动趋势[J].中国工业经济,2009

(8):5－16.
[134] 张军.城乡产业融合的规律、平台与模式研究[J].农村经济,2018(8):31－36.
[135] 洪银兴.工业和城市反哺农业、农村的路径研究——长三角地区实践的理论思考[J].经济研究,2007,42(8):13－20.
[136] Kilkenny M. Rural/urban effects of terminating farm subsidies[J]. American Journal of Agricultural Economics, 1993, 75(4): 968－980.
[137] 刘合光.如何走中国特色乡村善治之路[J].经济,2018(S2):94－97.
[138] Bryan G. Ambiguity aversion decreases the impact of partial insurance: Evidence from African farmers[J]. Journal of the European Economic Association, 2019, 17(5): 1428－1469.
[139] 威廉·配第.政治算术[M].北京:商务印书馆,1978.
[140] 科林·克拉克.经济进步的条件[M].北京:中国人民大学出版社,2020.
[141] 西蒙·库兹涅茨.各国的经济增长[M].北京:商务印书馆,1985.
[142] 沃西里·里昂惕夫.投入产出经济学[M].北京:商务印书馆,1980.
[143] 霍利斯·钱纳里.工业化和经济增长的比较研究[M].上海:上海三联书店,1989.
[144] 谭明交.农村一二三产业融合发展:理论与实证研究[D].武汉:华中农业大学,2016.
[145] 马化腾,张晓峰,杜军.互联网+:国家战略行动路线图[M].北京:中信出版社,2015.
[146] 孙旭.我国现代农业的功能定位问题研究[J].农业现代化研究,2008,29(2):129－133.
[147] 国务院办公厅.国务院办公厅关于推进农村一二三产业融合发展的指导意见[Z].中华人民共和国国务院公报,2016(2):41－45.
[148] 尹昌斌,唐华俊,周颖.循环农业内涵、发展途径与政策建议[J].中国农业资源与区划,2006,27(1):4－8.
[149] 潘斌,彭震伟.产业融合视角下城市工业集聚区的空间转型机制——基于上海市的三个案例分析[J].城市规划学刊,2015(2):57－64.
[150] 平卫英,李文星,罗良清.要素流动对城乡融合发展的影响机理与空间分异研究[J].统计与信息论坛,2024,39(6):15－31.
[151] 高佳佳,雷兴长.基于城乡融合发展视角的城市资金下乡路径研究[J].社科纵横,2024,39(2):53－59.
[152] 张晓东,何攀.要素流动对城乡融合发展的影响机理——分地区比较研究[J].产业经济评论(山东大学),2018,17(4):133－166.
[153] 周佳宁,曹铁毅,邹伟.农地市场化、农村劳动力流动与城乡融合发展的累积循环效应分析[J].干旱区资源与环境,2024,38(3):31－38.
[154] 张峰,薛惠锋,宋晓娜.土地市场、财政分权与城乡产业融合[J].当代经济管理,2020,42(9):19－25.
[155] 陈坤秋,龙花楼.中国土地市场对城乡融合发展的影响[J].自然资源学报,2019,34(2):221－235.
[156] 杨一鸣,王健,吴群.中国城乡实体要素流动对城乡融合发展的影响机制研究[J].地理科学进展,2022,41(12):2191－2202.
[157] 刘荣春,张明林,罗莹.资源禀赋与产业转移融合下江西省创业发展模式探讨[J].商业时代,2011(17):135－136.
[158] 郝柯锦.土地要素驱动下农村产业振兴研究[D].南昌:南昌大学,2021.

[159] 林木西,刘理欧.农村宅基地“三权分置”在城乡融合发展中的作用——基于土地、人口与产业视角[J].辽宁大学学报(哲学社会科学版),2021,49(1):44-52.

[160] 诸玲珍.湖南:实施六大任务　夯实产业基础[N].中国电子报,2022-05-13(002).

[161] 万云标,勒外光,徐蕾.扮靓农村环境　做强特色产业——全市农业农村“两整治一提升”行动扎实推进[N].南昌日报,2022-06-08(8).

[162] 范润生.转型发展视角下的产业社区功能和空间研究　以上海市漕河泾产业社区为例[J].中华建设,2016(7):70-71.

[163] 吴莹.中国新型城镇化背景下的产业社区营造与精细化治理[J].北京工业大学学报(社会科学版),2022,22(3):97-109.

[164] 李晓龙,冉光和.农村产业融合发展如何影响城乡收入差距——基于农村经济增长与城镇化的双重视角[J].农业技术经济,2019(8):17-28.

[165] 朱再清,张莫幸子.农村产业融合发展对新型城镇化的影响——基于省际面板数据[J].调研世界,2022(1):21-28.

[166] 郑明高.产业融合发展研究[D].北京:北京交通大学,2010.

[167] 张黎黎.京津冀协同发展视角下产业融合发展机制研究[D].兰州:兰州财经大学,2019.

[168] 张傲雪.村域发展环境视角下的烟台城乡产业融合问题探析[D].烟台:烟台大学,2016.

[169] 杜伟,黄敏.关于乡村振兴战略背景下农村土地制度改革的思考[J].四川师范大学学报(社会科学版),2018,45(1):12-16.

[170] 张桂文.深化农村土地制度改革　促进城乡融合发展[J].辽宁大学学报(哲学社会科学版),2021,49(4):55-64.

[171] 黄锡生,王中政.论城乡融合发展的双重逻辑及制度统合[J].现代经济探讨,2021(5):1-9.

[172] 蔡继明,李蒙蒙.中国城乡融合发展的制度障碍及政策建议[J].河北学刊,2019,39(4):139-145.

[173] 王小刚,王建平.走新型城镇化道路——我党社会主义建设理论的重大创新和发展[J].社会科学研究,2011(5):40-42.

[174] 戈大专,龙花楼.论乡村空间治理与城乡融合发展[J].地理学报,2020,75(6):1272-1286.

[175] 戈大专,陆玉麒,孙攀.论乡村空间治理与乡村振兴战略[J].地理学报,2022,77(4):777-794.

[176] 龙花楼,陈坤秋.基于土地系统科学的土地利用转型与城乡融合发展[J].地理学报,2021,76(2):295-309.

[177] 陈秧分,刘玉,李裕瑞.中国乡村振兴背景下的农业发展状态与产业兴旺途径[J].地理研究,2019,38(3):632-642.

[178] 周振华.产业融合:产业发展及经济增长的新动力[J].中国工业经济,2003(4):46-52.

[179] 岳芃.媒介信息融合与产业规制制度改革[J].当代经济科学,2011,33(2):99-105.

[180] 黄建富.产业融合:中国发展新经济的战略选择[J].南方经济,2001(7):67-69.

[181] 张冰.全球价值链视角下浙江和台湾两地产业融合发展研究[J].财经论丛,2021(8):

14 - 23.
[182] 严伟.产业链协同视角下旅游产业融合模式及机理分析[J].商业经济研究,2016(10):194 - 197.
[183] 胡金星.产业融合的内在机制研究——基于自组织理论的视角[D].上海:复旦大学,2007.
[184] 芮明杰,胡金星.产业融合的识别方法研究——基于系统论的研究视角[J].上海管理科学,2008,30(3):33 - 35.
[185] 李以渝.试论复杂系统律:整体性原理新探索[J].系统辩证学学报,2005,13(3):47 - 50.
[186] 俞乔,刘家鹏.系统性风险控制与动态逆势投资研究[J].经济研究,2013,48(2):68 - 82.
[187] 贾晓辉.基于复杂适应系统理论的产业集群创新主体行为研究[D].哈尔滨:哈尔滨工业大学,2016.
[188] 马健.产业融合与融合产品的需求增长——基于修正的 Bass 模型的分析[J].当代财经,2005(2):82 - 87.
[189] 夏宇,张富春.技术交易投入提升产业间技术融合绩效机制研究[J].科技进步与对策,2021,38(9):52 - 60.
[190] 李斌.区域产业优势互补协同创新发展的途径与方法[J].科学管理研究,2013,31(6):68 - 70+78.
[191] 马海涛,黄晓东,罗奎.京津冀城市群区域产业协同的政策格局及评价[J].生态学报,2018,38(12):4424 - 4433.
[192] 许洁,秦海田.基于超系统论的城乡空间协同发展模式[J].城市管理与科技,2010,12(4):33 - 35.
[193] 李健.京津冀城市群协同创新与绿色发展[M].北京:中国社会科学出版社,2022.
[194] 王书华.京津冀城市群发展趋势与协同创新格局[J].中国科技论坛,2015(11):78 - 81.
[195] 余剑,陶娅娜.京津冀产业结构调整与区域协同发展——基于比较优势理论的视角[J].北京金融评论,2016(4):57 - 75.
[196] 蒋永穆,陈维操.基于产业融合视角的现代农业产业体系机制构建研究[J].学习与探索,2019(8):124 - 131.
[197] 陈红霞,屈玥鹏.基于竞争优势培育的农村一二三产业融合的内生机制研究[J].中国软科学,2020(S1):58 - 64.
[198] 唐志红.社会主义新农村建设与经济的内需拉动[J].西南民族大学学报(人文社会科学版),2007,28(1):133 - 135.
[199] 刘洪银.以农产品外贸市场拓展促进农村一二三产业融合发展[J].当代经济管理,2017,39(9):38 - 40.
[200] 姜长云.关于发展农业生产性服务业的思考[J].农业经济问题,2016,37(5):8 - 15.
[201] 朱广芹.依托城镇网络完善城乡分工体系研究[J].学术交流,2010(6):90 - 94.
[202] 李明生.论城市经济区生产协作网络[J].中国人民大学学报,1989,3(2):48 - 54.
[203] 张雨.区域协调发展科技战略重点[J].中国农学通报,2007,23(4):467 - 471.
[204] 封伟毅,张肃,冯英娟.企业管理创新与技术创新协同互促机制研究[J].长春理工大学

学报(社会科学版),2017,30(5):77-80+86.
[205] 赵立秋.中国农业现代化发展的技术支撑体系构建研究[D].哈尔滨:东北林业大学,2011.
[206] 唐义华.我国农业技术推广的现状及改善对策[J].农家科技:中旬刊,2021(4):206-206.
[207] 石肖琳.黑龙江农业科技合作共建:农业推广体系的创新[J].学术交流,2008(11):114-117.
[208] 游雅娟.数字经济背景下农村电商发展现状、困境及完善路径[J].商业经济研究,2024(3):119-122.
[209] 单琳琳.优化农村公共服务供给提升基层社会治理效能[J].宏观经济管理,2022(10):61-69.
[210] 缪小林,高跃光.城乡公共服务:从均等化到一体化——兼论落后地区如何破除经济赶超下的城乡"二元"困局[J].财经研究,2016,42(7):75-86.
[211] 陈维操.中国农村产业融合机制研究[D].成都:四川大学,2021.
[212] 蒋永穆.中国农村改革四十年:回顾与经验[M].成都:四川大学出版社,2018.
[213] 米运生,罗必良,曾泽莹.农村基本经营制度改革:中心线索、重点变迁与路径取向[J].江海学刊,2015(2):67-74+238.
[214] 蒋永穆,赵苏丹.中国农村基本经营制度:科学内涵、质规定性及演变逻辑[J].当代经济研究,2018(1):28-35+97+2.
[215] 梁伟军.产业融合视角下的中国农业与相关产业融合发展研究[J].科学·经济·社会,2011,29(4):12-17+24.
[216] 李琳.论社会分工、企业分工和企业网络分工:对分工的再认识[J].当代经济研究,2005(2):17-22+73.
[217] 罗平.新时代中国城乡产业融合机制论[D].成都:四川大学,2022.
[218] 张辉,张永江,杨易.美国、加拿大精准农业发展实践及启示[J].世界农业,2018(1):175-178.
[219] 中国外交部.法国国家概况[EB/OL].(2023-01)[2023-03-05].https://www.fmprc.gov.cn/web/gjhdq_676201/gj_676203/oz_678770/1206_679134/1206x0_679136/.
[220] 朱丽君,施六林,王艳.美丽乡村建设视域下农村产业融合路径研究[J].农业经济,2018(8):12-14.
[221] 潘治,洪天牧.荷兰:发展现代化农业实现城乡一体化[J].农村农业农民(A版),2013(8):48-49.
[222] 肖卫东,杜志雄.荷兰家庭农场为何能创造世界农业奇迹[J].中国合作经济,2017(8):16-19.
[223] 陈丽娜.国外支持农村一二三产业融合发展的实例[J].农村工作通讯,2015(18):35-36.
[224] 陈美林.荷兰花海:推进产业大融合打造文旅新标杆[J].华人时刊,2020(11):34-35.
[225] 张晨,姜卫兵,魏家星.花卉产业集群发展模式的分析及提升建议——以盐城市大丰荷兰花海小镇为例[J].湖南农业科学,2016(11):82-86.
[226] 付宏,金学慧,西桂权.荷兰埃因霍温高科技园区服务管理经验及其相关启示[J].科技

智囊,2020(1):77-80.
[227] 李爱军.农业发达国家农村一二三产业融合主要措施及启示[J].怀化学院学报,2019,38(4):30-36.
[228] 倪景涛,李建军.荷兰现代农业发展的成功经验及其对我国的启示[J].学术论坛,2005,28(10)::80-83.
[229] 林呈祥,刘维忠.新常态下我国新型业态农业发展思路——基于国外经验启示[J].黑龙江畜牧兽医,2016(22):52-55.
[230] 汤进华,李映辉,李红霞,等.荷兰城镇化进程中农业结构调整的实践及其对上海的启示[J].中国农学通报,2014,30(17):56-61.
[231] 崔鲜花,朴英爱.韩国农村产业融合发展模式、动力及其对中国的镜鉴[J].当代经济研究,2019(11):85-93.
[232] 金玉姬,丛之华,崔振东.韩国农业6次产业化战略[J].延边大学农学学报,2013,35(4):360-366.
[233] 赵蓉蓉,温小婷,陈秋华.日韩乡村"六次产业化"经验及其启示[J].亚太经济,2021(4):76-81.
[234] 程承坪,谢雪珂.日本和韩国发展第六产业的主要做法及启示[J].经济纵横,2016(8):114-118.
[235] 薛建良,段晋苑,张庆忠.韩国、日本和我国台湾地区推动乡村发展的主要做法、经验及启示[J].农业部管理干部学院学报,2018(2):15-18.
[236] 易小燕,陈印军,袁梦,等.日本以"六次产业化"发展现代农业的做法与启示[J].中国农业资源与区划,2016,37(7):54-60+129.
[237] 覃诚,方向明.日本"六次产业化":政策背景、主要举措与启示[J].经济体制改革,2021(6):171-177.
[238] 邱灵.推进农村一二三产业融合发展:日本做法及其启示[J].全球化,2016(10):99-108+133.
[239] 郭晓鸣.成都高位推进乡村振兴的突破选择[J].当代县域经济,2020(10):10-17.
[240] 杨坤,李玲玲,聂有亮,等.新时代成都市农业农村发展展望[J].农业展望,2019,15(10):34-38.
[241] 林赛男,孙邱华,姜娜,等.共生理论视域下都市现代农业发展策略研究——以成都市为例[J].中国西部,2019(5):26-35.
[242] 武如飞.苏州农业与二三产业融合发展研究[J].合作经济与科技,2019(23):32-33.